DE PARIS A DANTZIG

T , 4

Hi 85.

Imp. L. Toinon et Ce, à St-Germain.

CH.-M. LAURENT

DE PARIS

A DANTZIG

RÉCIT D'UN PRISONNIER

FAC ET SPERA

PARIS

ALPHONSE LEMERRE, ÉDITEUR

47, PASSAGE CHOISEUL, 47

—

M. DCCC. LXXI

AU LECTEUR

Jeté par les hasards de la guerre, d'une armée au milieu de l'autre, de notre pays dans le pays voisin, j'ai été témoin de spectacles divers : ce que j'ai vu je l'ai reproduit avec fidélité. Sans oublier que je suis Français, j'ai considéré qu'il faut être homme d'abord, et raconter non pour les passions d'un parti ou d'un peuple, mais pour les hommes. Toutefois, en demeurant stable dans mon principe, j'ai mélangé mon récit de réflexions qui ont pour

but de pousser au rétablissement de la France,
afin qu'elle reprenne dans le monde sa place au
moins égale à celle des autres peuples. Quant au
fond même du récit, encore une fois, lecteur, j'ai
dit la vérité : lis donc et juge.

CH.-M. L.

DE PARIS A DANTZIG

CHAPITRE PREMIER.

LE DÉPÔT.

Lorsque l'Empire fut tombé à Sedan, et que la révolution du 4 septembre se fut accomplie, peu soucieux de rester à Paris dans la garde sédentaire dont l'organisation m'inspirait une médiocre confiance, je m'engageai dans l'armée active. Je pris le chemin de fer à la gare Saint-Lazare, la seule par où l'on pût encore s'échapper, car les Prussiens approchaient, et j'arrivai en quelques heures à Évreux, siége du dépôt du 41ᵉ de ligne, sur lequel, par nécessité, l'inten-

1

dance m'avait dirigé. A mon entrée dans la caserne je fus frappé de l'aspect de tumulte qu'elle présentait. Les soldats étaient en émoi, ils criaient autour du commandant; celui-ci voulait les empêcher de chanter la _Marseillaise_ évidemment pour réprimer l'abus qu'ils en faisaient; mais eux, persuadés qu'on voulait leur proscrire le chant national à cause de son caractère républicain, le chantaient tous à la fois et s'oubliaient jusqu'à menacer l'officier de leurs baïonnettes. L'affaire finit par se calmer. On fit partir les plus mutins pour les bataillons de marche. Une centaine d'hommes, dont j'avais vu l'avant-veille les trois quarts rangés dans la cour et vêtus de haillons, partit avec eux: on avait à peine eu le temps de les habiller, de les équiper, et déjà on les envoyait à l'ennemi! Bientôt il fallut nous-mêmes quitter Évreux: les communications de la Normandie avec Paris venaient d'être coupées à leur tour, nous fîmes nos emballages à la hâte, et nous nous repliâmes sur Rennes.

Les Bretons étaient tous en armes; chaque matin les places publiques se couvraient de bourgeois et d'ouvriers qui s'exerçaient au maniement du fusil: on entendait jusque dans les maisons des exclamations de _portez armes_ et de _joue feu!_ Ils nous reçurent très-bien. Mais il y avait déjà au milieu d'eux cinq ou six dépôts; nous restâmes huit jours à coucher sur de la paille dans les bâtiments du Lycée, faisant peu ou point d'exercice, puis nous reçûmes l'ordre d'aller nous établir à Landerneau, au fond de la Bretagne. Dans plusieurs provinces les mêmes tâtonnements présidèrent à l'installation des dépôts. Le public se rappelle la somme de temps qui fut perdue et l'avance donnée aux Prussiens dès le début de cette seconde période de la campagne.

A Landerneau, je m'instruisis rapidement au métier de soldat que je voulais m'efforcer de connaître à fond. Je fis en même temps, sur la manière dont les troupes furent organisées et administrées, plusieurs remarques qui vinrent s'ajouter à d'autres que j'avais déjà faites à Rennes, à Évreux.

Le mode d'organisation fut le même dans tous les dépôts; quant aux abus, ils pullulèrent. Parlons d'abord de l'organisation. Après s'être débarrassé des *voyous* (style de fourrier) on groupa tout ce qui restait dans deux compagnies dites provisoires, d'où l'on tira, à mesure que les recrues et les engagés volontaires accouraient les remplir, les éléments des compagnies nouvelles pour la formation des bataillons de marche. Ensuite on forma une compagnie composée de plusieurs anciens soldats et de ceux qu'on appelait les fortes têtes, parmi lesquelles j'eus l'honneur d'être compris sans doute parce que je savais lire et écrire, et on la tint prête à partir au premier signal. Il eût mieux valu réserver la meilleure part de ces soldats pour en faire des sous-officiers et des caporaux dans les nouvelles compagnies des conscrits de la classe 1870 qui allaient affluer : on y

pensa bien un peu, mais pas assez ; la mesure fut
effectuée dans une très-mince proportion. Les conscrits arrivèrent ; on en forma cinq compagnies. Il
se fit alors un avancement prodigieux : tel que
j'avais vu fourrier en arrivant au corps, et dans sa
fureur d'avoir été rappelé, exprimant tout haut une
indignation peu patriotique, devint en moins de
six semaines sergent-major, sous-lieutenant, lieutenant, et enfin partit en guerre à la tête d'une
compagnie, rouge de plaisir, capitaine ; et quelques
jours après, chef de bataillon ! On fit des lieutenants
et des sous-lieutenants du même calibre. Les derniers sergents-majors créés furent des caporaux ou
fourriers, la plupart jeunes d'âge et d'expérience ,
plus occupés de détourner le pain, le prêt et le tabac
des soldats que de se remettre au métier, et aspirant
à monter rapidement en grade. Les sergents, anciens militaires dont quelques-uns avaient au moins
le mérite d'être de bons soldats, restèrent presque
tous sergents et n'avancèrent point. On nomma
aussi sergents des nouveaux venus , conscrits de
huit jours, qui aux exercices se trouvèrent bien em-
barrassés de leurs galons et de leurs bras. Quant
aux caporaux, on en prit qui ne savaient pas encore
tenir leur arme ; de vieux soldats furent parfois
désignés pour leur apprendre l'exercice. L'intrigue,
la camaraderie, les lettres et les paroles de recom-
mandation, les efforts de ceux qui voulaient se faire
valoir eurent une influence considérable sur toutes
ces nominations. Sans doute , dans l'échelle des

grades il y eut d'heureuses exceptions , mais si peu ! C'étaient des sergents-majors qui préparaient en partie les listes d'avancement dans les grades inférieurs ; mais ces sous-officiers, passant la plupart des jours dans leurs bureaux où, il faut le dire, la besogne était sérieuse, ne voyant les soldats que rarement, à la chambre et à l'appel, ne se trouvaient pas dans de bonnes conditions pour bien faire; ils proposèrent leurs camarades ou des jeunes gens qui rayaient du papier sous leurs ordres, commis d'administration huit jours auparavant. Quelquefois un bon déjeuner payé à propos facilitait l'acquisition d'un grade. Un jour, il me tomba sous les yeux une lettre curieuse d'un paysan adressée au chef du dépôt : «Mon fils, disait le bonhomme, me demande de l'argent pour arroser ses galons. Comment se fait-il que le fils ignorant d'un pauvre paysan comme moi, à peine sorti de chez nous, soit déjà caporal ? J'ai peine à le croire, et je devine une fourberie de sa part. Veuillez, monsieur le commandant, prendre des informations, et si le jeune homme m'a trompé, infligez-lui une punition sévère. » Tel était le fond; je n'ai fait que modifier l'orthographe et le style. Le commandant avait renvoyé la lettre au sergent - major de la compagnie, comme pour lui dire : A vous la balle !

J'ai fait précédemment allusion aux détournements opérés par certains sous-officiers sur le pain, le prêt et le tabac des soldats : c'est là une spécialité

d'abus qui exige quelques détails. A Évreux, à
Rennes, à Landerneau, dans les heureux moments
de presse où ne font du désordre que ceux qui veulent bien en faire, les fourriers, à la distribution du
pain, entassaient les soldats devant leur porte;
on lançait le pain à tour de bras : il fallait enlever
sa ration à la force du poignet. Au bout d'un certain temps, le fourrier disait : « Il n'y en a plus! »
et fermait sa porte. Vingt, trente hommes demeuraient pour réclamer leur pain qu'ils n'avaient pas
touché ; point d'affaires : ils en étaient réduits à
chercher de quoi vivre où ils pouvaient trouver.
Le sergent-major, de son côté, oubliait fréquem-
ment de distribuer le prêt. Quand on allait le lui
réclamer : « Adressez-vous au fourrier, » disait-il.
Les simples d'esprit allaient au fourrier : « Adressez-vous au sergent-major, » répondait celui-ci.
Même tactique pour les bons de tabac. La soupe
était presque toujours sans saveur (de l'eau sur du
pain), la portion de viande imperceptible et de
mauvaise qualité. La viande était bonne dans les
commencements : les bouchers de Landerneau la
fournissaient ; mais je ne sais pourquoi on trouva
préférable d'en faire venir de Brest, qui ne valait
rien ; encore se trouvait-il souvent dans la fourni-
ture un déficit de 3 à 4 kilos pour chaque compagnie, sur le poids porté au livre. La responsabilité
de ces désordres retombe sur le capitaine ou lieutenant provisoire commandant la compagnie, sur
le sergent d'ordinaire et les fournisseurs. Toute

mauvaise qu'était la soupe, ceux qui n'avaient
point la faculté de manger en ville avaient pris le
parti de s'en contenter ; mais ce n'était pas une petite affaire que d'en avoir : il fallait se battre une
heure durant à la porte des cuisines ; les moins
vigoureux s'en passaient. Et personne pour remé-
dier à un pareil gâchis ! A quoi donc servaient les
officiers ? Un grand nombre de soldats auraient
voulu leur adresser par écrit la prière respectueuse
de mettre un peu d'ordre. Mais quelle terrible
affaire ! de simples conscrits donnant à leurs supérieurs des leçons de discipline ! On se taisait. Un
petit trait achèvera le tableau. Voici comment nos
chefs s'y prirent, à Rennes, pour nous dérober à
chacun *un sou*. Nous étions rangés sur la place de
l'hôtel de ville, attendant des billets de logement.
Le fourrier passa dans les rangs afin de distribuer
le prêt de route : il devait onze sous à chaque
homme, mais sous prétexte qu'il n'avait pas de
monnaie il paya en pièces blanches de 50 centimes,
ajoutant qu'il donnerait le sou restant plus tard.
Il n'est pas besoin de dire qu'il n'en fit jamais rien,
ni comment furent reçus les pauvres diables qui
eurent l'audace d'aller par la suite réclamer une si
misérable dette. Il se fit de la sorte, sur deux cents
hommes, un léger bénéfice de 10 francs, de quoi se
régaler avec les collègues le soir, et boire à la santé
du militaire. Cinq semaines plus tard, le sergent-
major qui présidait à ces petits manéges était devenu capitaine, et le fourrier lui-même sous-lieu-

tenant. Quelle valeur pouvaient avoir des armées
organisées, administrées et conduites par de pareilles
gens ?

En dépit de ces désordres, les exercices, une fois
le dépôt installé, furent menés aussi bien qu'il était
possible. Il y avait de vieux officiers rappelés qui
avaient bien oublié un peu leur théorie, mais qui s'y
remirent très-vite, et quelques bons sous-officiers,
dont, je le répète, il est fâcheux qu'on n'ait pas fait
plus tôt des sous-lieutenants et des lieutenants.
On n'eut pas le temps d'habituer les conscrits à
faire des marches et à porter le sac, ainsi que le re-
commandait une circulaire ministérielle ; mais on
ne se conforma que trop à une autre recommanda-
tion de même source qui invitait à supprimer les
exercices de tir à la cible dans le but d'épargner
des cartouches : c'était s'exposer, pour en épargner
quelques-unes au dépôt, à en perdre beaucoup sur
les champs de bataille et dans les escarmouches,
sans parler du trouble qu'en mainte occasion l'inef-
ficacité de leurs coups ferait éprouver aux hommes.
Tandis que l'on se livrait aux exercices, c'était
le cas pour les officiers et les sous-officiers instruc-
teurs de s'appliquer à distinguer parmi leurs soldats, anciens et nouveaux, les plus alertes et les
plus intelligents, de les mettre à l'épreuve, de faire
un choix des meilleurs, et de les porter au plus tôt
sur les listes d'avancement. On a vu plus haut qu'il
n'en fut pas ainsi. De tout ce qui précède, il résulta
qu'à chaque instant, en présence de l'ennemi, des

jeunes gens qui n'avaient, pour la plupart, aucune instruction militaire, eurent à faire tenir au feu des jeunes gens du même âge qui n'avaient jamais tiré un coup de fusil.

Cependant la compagnie des fortes têtes reçut avis que l'ordre de partir allait lui arriver. Le sergent-major nous tint ce discours : « Depuis quelque temps les hommes ont l'habitude de se soûler. (Frissons dans les rangs.) Je vous permets de vous soûler tant que vous voudrez. (Explosion de bravos.) Seulement, le premier que je verrai ou qui me sera signalé comme ayant été vu en état d'ivresse aura huit jours de prison. Rompez! » (Vive le sergent-major !)

Cette compagnie, dans laquelle il y avait quelques bons soldats, se composait aussi d'un grand nombre de braillards qui ne faisaient que se quereller du matin au soir, et souvent en venaient aux coups. Un jour je me vis avec une véritable douleur dans la nécessité d'en rosser deux pour ne pas l'être moi-même ! J'avais peine à me figurer que des gens si criards et si turbulents dussent faire de bonne besogne devant l'ennemi. J'eus le désir de quitter leur compagnie et en même temps de monter en grade.

Étant encore simple soldat, je commandais et je faisais manœuvrer aux exercices, depuis plusieurs jours, des pelotons de cinquante à soixante conscrits, et à quelques erreurs près, au début, dans l'énoncé des commandements, je ne m'en tirais ni mieux

ni pis qu'un autre ; je me procurai une théorie
pour achever de me former, et lorsque je fus
ferme de tous points, j'allai trouver le commandant. Je lui exprimai mon désir de changer de
compagnie, et j'ajoutai que j'espérais pouvoir
rendre avec un grade quelconque plus de services
que simple soldat et tirant mécaniquement mon
coup de fusil. Le commandant, qui avait déjà eu
l'obligeance de m'accorder quelque attention, ac-
cueillit favorablement ma demande, me porta sur
une liste de caporaux, et antidata ma nomination
afin de me donner droit à un avancement plus ra-
pide. Toute satisfaction m'étant donc octroyée,
j'entrai dans une compagnie nouvelle, et honoré
des galons jaunes, je fus cette fois attaché au bureau
du sergent-major. C'était encore un temps d'arrêt
avant de marcher à l'ennemi, mais mon instruction
devait y gagner, et à une époque où il va falloir que
chaque Français devienne un soldat comme ceux
de 93 et nos aïeux de Gaule et de Franconie, je ne
considère pas cela comme du temps perdu. Je par-
tageais mes heures entre l'exercice et le travail du
bureau. En dehors des connaissances spéciales au
métier, j'appris encore là de jolies choses. Le sergent-major, brave garçon, témoin du gâchis qui se
faisait, et très-expert dans la matière, acheva de
me mettre au courant. Il m'enseigna comment
on peut, dans les moments de trouble, se livrer
sans danger aux différents trafics que j'ai déjà
signalés. Il m'apprit comment un capitaine sait,

quand il n'est point sot, se faire, dans ces temps
propices, un petit profit de deux cents, trois cents
francs en un mois sur le boni de la compagnie,
et aussi sur le prêt; comment un sergent d'ordinaire doit, lorsqu'il a affaire à des fournisseurs
intelligents, savoir aussi mettre de côté sa petite
pièce de vingt à trente francs une semaine dans
l'autre. Il n'était pas jusqu'aux simples caporaux
qui, en déployant des ressources d'esprit supé-
rieures à leur humble position, ne fussent également aptes à se ménager quelque bon lopin de
temps en temps!

Lorsque les conscrits arrivèrent au dépôt ils
étaient animés des meilleures dispositions. Ils venaient presque tous du Calvados et de l'Eure : de
bons gars Normands pleins de jovialité. Pour en
faire de braves soldats il suffisait de les mener avec
fermeté et sollicitude : le ton maussade des uns
lorsqu'ils les commandaient, les dilapidations des
autres qui portaient atteinte à leur bien-être maté-
riel, les refroidirent passablement ; il leur resta cependant la bonne volonté, la haine des Prussiens et
le désir de repousser l'invasion de leurs foyers.
L'ordre de partir à notre tour nous arriva; nous
l'accueillîmes avec enthousiasme. On espéra que
devant l'ennemi la discipline s'affermirait et de-
viendrait sévère pour tous, que les abus dont on
avait tant souffert au dépôt disparaîtraient, et que
nos officiers, dont les talents ne nous paraissaient
pas encore bien évidents, trouveraient de l'énergie

et des lumières en face du danger. Alors nous montâmes en chemin de fer, vers le milieu de novembre,
ne rêvant plus que batailles, balles affrontées, victoires et délivrance de la patrie.

CHAPITRE II.

LA CAMPAGNE.

Nous partîmes au nombre de quatre cents hommes, formant deux compagnies commandées par le
capitaine de celle où je me trouvais, l'un de ces jeunes fourriers dont j'ai parlé ; il remplissait les fonc-
tions de chef de bataillon sans en avoir encore le
titre, et portait avec une certaine aisance sa nouvelle
distinction. Nous devions aller à Alençon. Nous
traversâmes une seconde fois, de nuit, toute la Bretagne, Saint-Brieuc, Rennes ; ensuite, avec le jour,
Laval, le Mans. Avant d'arriver au Mans, nous
aperçûmes, au bord de la voie ferrée, le camp de
Conlie, appuyé à droite à des ouvrages en terre, à
gauche à des coteaux boisés : la position était forte
et bien choisie ; le camp regorgeait de mobiles. Au
Mans, des troupes accouraient de toutes parts : les
Prussiens étaient à quelques lieues de la ville ; ordre
nous fut donné à nous-mêmes de ne pas aller plus

loin et de nous incorporer à l'armée de l'Ouest. Il fallut passer notre première nuit sur la pierre, dans l'église du Lycée : on ne s'en porta pas plus mal. A quatre heures du matin, branle-bas de départ. L'arme sur l'épaule, nous faisons d'abord une petite promenade d'une heure et demie dans la ville, tâchant de trouver un chemin : nous nous croisons plusieurs fois avec de malheureux mobiles qui revenaient, tout écloppés, de se faire, à dix lieues de là, administrer une frottée ; puis, ayant bien cherché, nous finissons par reconnaître un débouché, et nous enfilons la route de Paris. Nous allons nous y établir à cinq ou six lieues, devant Connerré, qu'occupaient les Prussiens, aux avant-postes d'un corps d'armée presque tout composé de mobiles : ceux-ci demeuraient en arrière, échelonnés le long de la route. A notre point de destination, il y avait une compagnie de francs-tireurs fraîchement installés ; les uns faisaient la soupe, les autres, à l'affût, épiaient l'horizon ; nous les saluons avec joie, et nous nous sentons tout fiers d'avoir à combattre à côté d'eux. Ceux-là n'avaient plus leur costume à la Fra-Diavolo, ils venaient d'endosser la capote et le képi, pour éviter, je crois, d'être fusillés s'ils venaient à tomber entre les mains des Prussiens, qui ne voulaient pas les reconnaître comme troupes régulières.

Nous avions pour mission de nous déployer à leur droite en tirailleurs-éclaireurs. Au moment de nous déployer, le capitaine nous déclara de la même

voix dont il eût dit : « Nicole, apporte-moi mes
pantoufles, » qu'il brûlerait la cervelle à ceux qui
ne feraient pas bonne contenance (le sanguinaire
avait déjà voulu faire fusiller deux hommes en garnison, sous prétexte qu'ils avaient, à Landerneau !
abandonné leur poste devant l'ennemi); il ajouta
qu'il y avait par là cinq cents dragons chargés
de sabrer quiconque serait trouvé en débandade;
après quoi nous marchâmes avec assez de désordre
dans un chemin creux, laissant une sentinelle de
dix pas en dix pas. Le pays était montueux, boisé,
hérissé de haies et de talus chargés d'arbres, comme
en Vendée. Quel élément précieux pour la défense!
c'était là un terrain de Cocagne, et nous ne pouvions
souhaiter mieux pour faire notre apprentissage.
Nos deux compagnies s'étaient déployées sur une
seule ligne, très-longue ; un chemin vicinal la tra-
versait et semblait aller rejoindre derrière nous la
route de Paris. Le capitaine passa pour nous donner la consigne : nons devions, si nous apercevions
l'ennemi, « lâcher notre coup de fusil » et nous retirer précipitamment à un quart de lieue en arrière,
à un petit hameau où nous nous étions arrêtés précédemment, un peu au delà des bois sur la route de
Paris. Ce plan n'avait qu'un inconvénient, c'est que
les Prussiens, maîtres du chemin vicinal, seraient
sur la grand'route avant nous, et que les hommes de
notre ligne, occupés à se dépêtrer au milieu des fos-
sés et des haies inextricables, seraient vraisemblablement coupés les uns des autres et ne pourraient

plus se rejoindre. Ensuite cet ordre s'accordait mal
avec la nécessité de tenir ferme à notre poste ou d'a-
voir la cervelle brûlée et d'être sabrés par les dragons. Nous aurions préféré nous retirer en profitant
de chaque haie et de chaque arbre pour faire le coup
de feu, car si notre retraite était une ruse de guerre,
elle n'en réussirait pas moins en ne cédant pas trop
tôt le terrain ; abandonner si vite ces champs où
nous nous trouvions dans de si bonnes conditions
pour commencer nos exercices de tir à la cible, nous
paraissait pénible. Enfin, si l'ennemi, n'arrivant
point par masse, se présentait en petit nombre,
comme pour faire une reconnaissance ou tâter le
terrain, deux uhlans, par exemple, faudrait-il reculer ? Je fis part de ces observations au sergent que
j'accompagnais, et lui proposai d'établir au moins un
poste à l'endroit où le chemin vicinal perçait notre
ligne, et où se trouvaient justement deux ou trois
maisons qu'on pouvait utiliser. Le sergent commu-
niqua ces réflexions au capitaine, qui les commu-
niqua au général de brigade, et nous reçûmes l'ordre de nous rabattre sur les maisons : on y établit
une vingtaine d'hommes, et on nous autorisa à résister si nous en voyions la possibilité. Il y avait
déjà un jour et deux nuits que les hommes, fatigués
du chemin de fer et de l'étape, étaient en sentinelles,
sans que l'on prît aucune mesure pour les faire reposer, au moins le jour, à tour de rôle et sur place ;
c'était beaucoup pour des débutants. Malgré cela,
sur le soir du troisième jour, on vint nous avertir

que nous allions être attaqués ; nous retrouvâmes de la force et des jambes. La compagnie qui faisait suite à la nôtre fut ramenée en arrière dans les bois; nous restâmes une trentaine d'hommes au bord du chemin, faisant tête de ligne : on nous dit de résister une demi-heure, mais de ne pas trop nous acharner. Un lieutenant nous accompagnait : c'était un ancien sergent-major d'une compagnie hors rang, bon pour administrer dans un dépôt les cordonniers et les tailleurs, ou surveiller l'école des enfants de troupe, mais malheureusement peu capable de conduire les soldats au feu. Il nous laissa faire à notre guise : ce fut merveille de voir comme cette poignée d'hommes se posta, chacun derrière son abri, buisson ou fossé ; nous nous étions instinctivement mis en échelons, le feu des derniers devant servir à protéger les premiers à mesure que ceux-ci se retireraient. Couchés à plat ventre ou assis contre les talus, ayant, par mesure de précaution, retourné nos képis pour que le rouge ne servît pas de point de mire à l'ennemi, le doigt sur la détente, nous attendîmes. Une heure, deux heures se passèrent : rien ne venait. Au crépuscule, une sentinelle envoyée par le capitaine nous prévint que les Prussiens battaient en retraite, et qu'il ne nous restait plus qu'à nous retirer. Désappointés, nous obéîmes. Les opérations autour du Mans étaient terminées ; nous avions fait une campagne blanche.

Nous pûmes reposer enfin une nuit, dans un bois de sapins, enveloppés dans de la paille. Le ciel,

pluvieux jusqu'alors, était devenu admirable, toutes
les étoiles brillaient à travers les branches. Cela
nous amena de la gelée ; la paille sous laquelle nous
couchions se couvrait de givre à vue d'œil ; on n'en
dormit pas moins bien, ce qui prouve qu'on peut
à la rigueur se passer de tentes : nos pères n'en
avaient point. Cela allége d'autant le fardeau du
soldat : ne vaudrait-il pas mieux remplacer la tente
par un bon manteau imperméable qui en même
temps tiendrait lieu de capote?

Nous n'avions pas touché de prêt depuis notre
départ du Mans. Les soldats éprouvaient un vif
besoin d'aller remplir leurs bidons au bourg voisin,
soit de vin , soit d'eau-de-vie : je réclamai au sergent-major le prêt de mon escouade. « Kératry, ré-
pondit-il, a ordonné de ne distribuer le prêt qu'à la
fin de chaque mois. » Ainsi, pensai-je, si nous restons vingt - neuf jours sans combattre , et que le
trentième jour du mois il y ait une bataille où toute
la compagnie périsse, excepté le sergent-major, celui-
ci restera avec tous les prêts dans sa poche ? » Je vis
que le malheureux sautait à pieds joints dans le
vice. Je résolus de le sauver. «Je ne crois pas, dis-je
aux sergents qui se plaignaient également de ne
plus toucher de prêt, je ne crois pas que Kératry
ait donné un ordre pareil. Je vais lui écrire pour
m'en informer. » Mais, apercevant le capitaine de
l'autre compagnie qui m'inspirait du respect parce
que je l'avais vu coucher comme ses soldats sur la
terre, je l'abordai et lui fis part de la nouvelle en lui

demandant ce qu'il fallait en penser. Il rougit beaucoup. « Mes hommes touchent le prêt régulière-
ment, dit-il en se tournant vers le sergent-major ;
ils l'ont touché encore aujourd'hui. » Celui - ci
essaya quelques faux - fuyants, puis, le capitaine
étant retourné à sa compagnie, s'exécuta. Mais il
ne se montra pas reconnaissant des efforts que j'avais
tentés pour le maintenir dans le chemin de la
vertu, et deux jours après je fus prévenu que je n'a-
vais pas les qualités nécessaires pour faire un bon
fourrier, grade auquel j'étais destiné dès le dépôt.
Comme je ne m'étais pas engagé pour être fourrier,
mais pour rendre tous les services que je pourrais,
ma bonne volonté en fut plus affectée que mon
amour-propre ; toutefois , je ne pus m'empêcher
de me plaindre au fourrier du moment, qui s'était
montré bon camarade, de ce que des considérations
aussi mesquines pussent, même en campagne , influer sur les nominations aux grades : « Laurent ,
me dit-il, vous ne serez jamais un bon soldat ; vous
n'avez aucune idée de ce que c'est que le métier militaire. »

Nous nous mîmes en marche dans les derniers
jours de novembre pour aller rejoindre l'armée de
la Loire. Marchant en zigzag , nous paraissions suivre le mouvement de retraite des Prussiens; nous
mîmes trois jours pour aller à Saint-Calais, distant
seulement de cinq à six lieues , puis nous poussâ-
mes directement sur Vendôme. Pendant cette marche , nous campâmes plusieurs fois, toujours à la

belle étoile, dans les vastes sapinières de la Sarthe ,
pleines de longues échappées sur l'horizon et acci-
dentées d'ondulations pittoresques. Nous y eûmes
la revue du général de division dont nous ignorions
même le nom : rien de cette fièvre communicative
qui électrise les hommes ; pas d'ordre du jour, des
visages froids, un air de malaise sur toute l'armée :
mauvais présage. Nous nous retrouvâmes ensuite
avec des francs-tireurs : le soir tombait, les feux des
bivouacs s'allumaient sous les sapins ; les flots de
fumée au lieu de monter vers le ciel s'étendaient
dans les clairières ; [les francs-tireurs , enveloppés
dans leurs manteaux et coiffés du chapeau calabrais,
restaient debout autour des feux, appuyés sur leurs
longs fusils. Leur jolie cantinière, vêtue de rouge et
portant deux revolvers à la ceinture , paraissait de
temps en temps au milieu d'eux ; parfois elle les
quittait d'un pas léger et venait nous verser à boire.
Je regardais tout cela, non sans éprouver une certaine mélancolie ; c'était curieux assurément, mais
j'avais déjà vu de pareils spectacles à l'Opéra-Comi-
que : la France avait l'air de s'amuser plutôt que de
se battre sérieusement. A la vue des francs-tireurs ,
songeant à la manière dont ils s'étaient formés,
qu'une foule de Français des plus intelligents et
des plus instruits s'étaient jetés à la hâte dans leurs
rangs pour s'y battre en qualité de simples soldats,
je me prenais à regretter que ceux-là ne fussent pas
plutôt venus chez nous où ils auraient pu faire
de bons officiers. J'appliquai la même réflexion

aux zouaves pontificaux quand nous les rencontrâmes à Saint-Calais. La surprise des événements, le manque de temps pour s'organiser,
l'excès de dévouement et d'abnégation avaient
causé ces erreurs : il appartiendra à l'avenir de les
réparer.

Je profitai des marches et des campements pour
achever mes remarques sur la composition et l'administration de l'armée. Nous avions pris la déno-
mination de 21e corps de l'armée de la Loire. Les
bataillons de la mobile en faisaient la masse la plus
considérable ; trois compagnies d'infanterie, dont
une de notre régiment, étaient venues rejoindre les
nôtres, cela en portait le nombre à cinq : nous avions
une bonne artillerie, inférieure sans doute à l'artillerie prussienne dans les vastes plaines, mais parfaitement capable de lutter contre elle dans les terrains
accidentés; en fait de cavalerie, je ne vis jamais parmi
nous que les cinq cents dragons chargés de nous
sabrer : les chevaux étaient maigres; les hommes
tristes, fatigués, à cause du service perpétuel auquel leur petit nombre les condamnait. En ce qui
regarde l'administration, je joindrai ici à mes propres observations les renseignements que j'ai re-
cueillis de la bouche de nombreux soldats et de
sous-officiers qui avaient appartenu aux différentes
armes et aux différents corps de l'armée de la Loire.
Beaucoup de chefs de compagnie et de sous-officiers
administrateurs (sergents-majors et fourriers) re-
commençaient en campagne les dilapidations qui

leur avaient si bien réussi au dépôt. Le prêt de
campagne était de o fr. 25 centimes par jour ; dans
une foule de compagnies les soldats ne touchaient
que o fr. 15, o fr. 10, o fr. 05 centimes même ; le
surplus était retenu par le capitaine sous prétexte
d'augmenter le boni de la compagnie, et le sergent-
major s'arrangeait souvent de manière à ne pas distribuer le reste. Les vivres arrivaient abondants en
viande, riz, café, biscuits, pain même. Mais lorsque
le fourrier avait mis de côté la part des officiers, la
part du sergent-major, la sienne, celle des sergents,
que les caporaux avaient à leur tour prélevé ce qui
leur revenait, il restait peu de chose aux soldats, étonnés de voir que les estomacs de leurs supérieurs augmentaient de volume en raison de l'élé-
vation des grades. Je dois dire que dans notre
compagnie, le prêt fut touché à peu près intégrale-
ment, mais il y eut toujours du tripotage sur les
vivres au détriment des soldats en faveur des gradés. Dans certaines compagnies des autres corps,
ces malversations furent menées si loin, qu'un
zouave des bataillons nouveaux m'a affirmé avoir
été contraint, avec plusieurs de ses camarades, de
s'adresser à des sergents dont le sac était chargé de
pain qui aurait dû être distribué aux soldats, de
leur en demander à prix d'argent, poussés qu'ils
étaient par la faim, et ces sous-officiers, après quelques manières pour couvrir la turpitude de leur action, de leur en donner une miette en échange de
quelques sous.

Les étapes n'étaient pas d'une longueur excessive, mais elles devenaient fatigantes pour des hommes peu habitués aux marches et obligés de porter, outre le chassepot et quatre - vingt-dix cartouches, sac, couverture, toiles de tente (lorsqu'elles furent venues), piquets, gamelles (grande et petite), vivres (à tour de rôle), petit et grand bidon. Le ridicule usage de la guêtre à vingt œillères ou à trente-deux boutons était aussi une cause d'agacement et de désordre que l'on fera bien de supprimer : après une forte marche, les soldats, en dépit de toutes les défenses, enlevaient toujours leurs guêtres pour pouvoir ôter leur chaussure et défatiguer leurs pieds endoloris; quand il fallait tout remettre, le matin au moment du départ, il en résultait un embarras fâcheux et une perte de temps considérable, d'autant plus que lorsqu'il s'échappait des boutons on n'avait pas le loisir de les recoudre; bientôt on eût pu voir le soldat avec les guêtres sur les talons, comme les enfants qui vont à l'école, les bas tombant sur leurs souliers. On pourrait remplacer le système de chaussure actuel par la botte, ou peut-être encore mieux par le brodequin de chasse à cinq ou six œillères. Ce dernier a l'avantage de réunir la commodité de la botte à l'utilité de la guêtre, sans avoir les inconvénients de l'un et de l'autre.

L'effet des fatigues se faisait fortement sentir sur nos conscrits ; après dix jours de campagne, la compagnie était déjà diminuée de vingt à vingt-cinq hommes restés dans les ambulances et dans

les hôpitaux. Un matin, pour la quatrième fois,
j'eus un malade dans mon escouade. Il demeurait
étendu sur la paille au milieu des préparatifs de
départ de ses camarades, en proie à une attaque de
petite vérole. J'en prévins le capitaine qui passait
près de lui : « Qu'il aille se faire f..., dit celui-ci ;
qu'il crève ! qu'il me f... la paix ! » et, ce disant, il
fit voltiger à grands coups de pied les gamelles et
les bidons que les soldats n'avaient pas encore pris
la précaution de ramasser. Le pauvre diable, dont
les nerfs étaient affaiblis par la maladie, se mit à
pleurer. J'obtins cependant l'autorisation de le conduire aux médecins. Une autre fois, ayant encore
un malade à conduire, je ne pus trouver l'ambulance. Nous étions aux portes de Villiers, grand
village situé à une lieue et demie de Vendôme, et
dont les maisons espacées occupent trois quarts de
lieue de route. Il n'y avait sur les murs aucun dra-
peau à croix rouge, aucun écriteau qui pût me
guider ; je m'adressai aux soldats de toutes armes,
aux officiers supérieurs que je rencontrais, je ne
pus en tirer aucun renseignement. Cependant
l'armée partait. Muni d'un billet de l'adjoint au
maire de l'endroit, je pris le biais de remettre mon
malade à l'hôpital de Vendôme. — Détail rétros-
pectif qui ne manquera pas d'intérêt : la femme de
l'adjoint tenait un petit débit ; elle avait recueilli
chez elle, hébergé et nourri quatre officiers de la
mobile : le matin, ces honnêtes gens déménagèrent
sans payer.

Nous passâmes à Vendôme : la ville me parut intéressante; elle renferme deux belles églises, et est dominée par les ruines de son vieux château. En arrivant dans l'Orléanais, nous nous apercevions que le pays avait déjà été foulé par la guerre : les habitants ne nous faisaient point bonne mine. Cela s'expliquait de reste : si nos compagnies, formées de conscrits recrutés à la hâte et organisés sans beaucoup de soin, laissaient à désirer sous tant de rapports, elles étaient des modèles d'ordre et de discipline en comparaison des bataillons de la mobile. Ceux-ci, je l'ai déjà dit, formaient la principale masse dans les corps d'armée. Ils marchaient presque toujours à la débandade. On voyait, à l'approche des villages, des nuées de *moblots* se détacher de la colonne, se répandre à travers champs, et se hâter d'atteindre, les premiers, le bourg ou *pays* qu'on apercevait de loin. Ils visitaient en chemin les fermes isolées et les pillaient. Ils envahissaient jusqu'aux moulins à vent, et tandis que l'un montait à l'échelle, on était étonné d'en voir déjà un autre installé dans les combles. On ne trouvait plus rien à glaner après eux. Beaucoup d'habitants finirent par nous fermer les portes.

On chantait quelquefois dans la route pour s'égayer et pour alléger la fatigue. Mais les chansons n'étaient pas du goût de nos officiers, et en cela ils avaient raison : il était bien inutile de révéler de loin notre présence aux éclaireurs ennemis, et de leur épargner des peines en même temps que le risque de recevoir des balles. La *Marseillaise* était particulièrement proscrite : il n'était guère séant en effet d'entonner ce chant de victoire dans des circonstances si tristes! Du reste on le chantait si mal! Le temps n'est pas encore venu où les Français, le possédant comme on le possédait en 93, le chanteront aux Allemands avec un ensemble admirable et le leur cracheront aux oreilles au milieu des champs de bataille.

Après avoir quitté Vendôme, nous entendîmes le canon presque tous les jours. Nous approchions de la forêt de Marchenoir aux environs de laquelle s'étaient déjà livrés quelques combats. Nous l'atteignîmes en deux marches. On nous la fit traverser dans sa plus petite largeur et nous allâmes camper à huit cents mètres en avant. Le quartier général demeurait établi dans la forêt même, à Saint-Laurent-des-Bois. On nous laissa reposer un jour. L'amiral Jaurès, qui commandait le 21ᵉ corps, profita de ce repos pour adresser aux troupes un ordre du jour dans lequel il les félicitait de leur patience à supporter les fatigues de la marche, et faisait un appel à leur courage pour les prochains combats. Cet ordre ne nous fut point lu. J'en eus connaissance parce que je fus chargé de le transcrire sur le livre de la compagnie. Suivait un autre ordre qui donnait des indications à suivre dans les marches; il ne fut point lu davantage. Le canon tonnait sans cesse. Nous rentrâmes dans la forêt de Marchenoir. Là, nous vîmes l'ancien ser-

gent-major de la compagnie des fortes têtes, devenu
lieutenant. Il nous apprit que ses braves, en présence de l'ennemi, se troublaient comme des tour-
terelles et fuyaient comme des biches : cela ne me
surprit point. Au bout d'une heure de marche dans
la forêt, nous nous reportâmes en avant, en dehors,
sur un autre point. Le lendemain, 8 ou 9 décembre au matin (en campagne nous ne savions plus
les dates), nous entendîmes tout près de nous, sur
notre gauche, une fusillade très-vive accompagnée
d'une violente canonnade. Nous nous tînmes en
haleine, tentes pliées et sacs à terre, prêts à partir.
Vers onze heures, un aide de camp accourut et nous
dit de nous porter en avant. Nous marchons à travers des terres labourées. Le bruit du canon se
rapproche de plus en plus. Nous commençons à
apercevoir la fumée, la flamme et la silhouette de
nos artilleurs. On nous fait arrêter derrière une
ferme. Il était midi. On nous dit que les mobiles
avaient enlevé deux ou trois villages dans la mati-
née, et fait quelques prisonniers. Une de nos batteries vient s'établir auprès de nous. Alors nous
entendons passer sur nos têtes, pareil à une plainte,
un sifflement aigu et prolongé. Nous courbons
presque tous le front. C'est un boulet prussien qui
vient nous visiter. Il en arrive un second, puis un
autre, et d'autres encore : on ne cesse de les entendre *viondir* (ainsi s'exprimaient les Normands).
Nos pièces, placées à droite et à gauche, répondent
avec fureur : cela faisait le plus formïdable orage

que j'eusse jamais entendu. Nos compagnies étaient
bien abritées; nos officiers nous avaient donné
l'ordre de nous coucher à terre. Vers deux heures,
le feu s'étant apaisé de part et d'autre, nous sortîmes de derrière la ferme, et nous descendîmes,
rangés en ordre de bataille, vers les positions ennemies. Plusieurs bataillons de la mobile revenaient
à gauche au pas de course. Vers le milieu du
champ de bataille nous apercevons un mobile
étendu à terre, il ne bougeait plus, c'était le premier mort que nous voyions. Après avoir marché
un certain temps en face des positions ennemies,
nous fîmes demi-tour, et nous revînmes vers les
nôtres; un boulet, qui passa sur nos têtes et alla
tomber à quinze pas devant nous, nous obligea de
prendre le pas gymnastique. Tout cela jusqu'ici ne
paraissait pas bien sanglant; il y avait lieu de se demander pourquoi on ne concertait pas une vigoureuse attaque sur leurs positions qui semblaient se
réduire à un point unique, une ferme isolée au sommet d'une assez forte ondulation. On pouvait se demander aussi pourquoi, eux, ils ne nous attaquaient
pas et ne lançaient pas sur nous leur infanterie.
Sachant que lorsqu'ils étaient sûrs de leur affaire,
ils n'avaient pas l'habitude de se faire prier,
ayant appris, en outre que deux de nos corps d'armée
avaient été mis en déroute quatre jours auparavant
du côté de Patay, d'Arthenay et de Beaugency, il était
raisonnable de supposer que s'ils n'attaquaient point
dans des circonstances pareilles, c'est qu'ils n'étaient

pas en nombre et que le gros de leurs forces agissait ailleurs. Mais sans doute nos généraux (j'ai appris plus tard que le général Chanzy commandait en chef), sentant la mauvaise composition de leurs troupes, n'osaient être hardis, et craignaient de voir l'instrument fragile qu'on leur avait confié se briser entre leurs mains.

Cependant nous rentrons derrière la ferme ; les batteries de notre artillerie ont changé de place ; elles se sont en grande partie portées sur la droite, et le vacarme recommence. De temps en temps nous voyons passer un pauvre artilleur que l'on emmène ; le sang ruisselle le long de son corps ; un camarade porte son bras ou sa jambe. Dans d'autres moments c'est l'attelage qui s'ébranle en sens contraire et un cheval qui tombe foudroyé. Un commandant d'artillerie, à cheval, examine avec sa lorgnette la position des batteries ennemies sans avoir souci des bombes et des boulets qui pleuvent à ses pieds, et excite notre admiration par son sang-froid. Dans un nouvel intervalle d'apaisement, le général de brigade accourt et donne l'ordre à quatre de nos compagnies de se porter sur les Prussiens et d'enlever leurs canons. Cet ordre est d'une audace bien grande ; il y a mille mètres en plaine à parcourir ; avec une telle distance, sur sept cents hommes, si la moitié arrive aux canons, il n'en reviendra guère : il faudrait que l'attaque fût au moins triple par le nombre et par la direction, afin de diviser la résistance de l'ennemi. N'importe ! mes braves cama-

3.

rades, tous conscrits, à deux ou trois exceptions
près, s'élancent en criant : « Vive la France! » Ma
compagnie est désignée pour rester en réserve. Le
cœur serré en pensant à eux, je m'attends à quelque effroyable canonnade. Dix minutes s'écoulent.
Soudain, à notre droite, voici de l'infanterie qui
nous arrive. Du renfort ? les choses vont peut-être
mieux marcher. Pas du tout! ce sont les autres qui
reviennent. Ont-ils pris les canons? Non. Les officiers ont jugé l'opération impossible. Quelle armée
que celle où les officiers trouvent les ordres de leurs
généraux inexécutables, et où des généraux sont
réduits à donner des ordres pareils!

Il était quatre heures de l'après-midi. Les canons
échangent quelques derniers boulets. On nous fait
faire une dernière démonstration, et nous descendons encore une fois vers l'ennemi pour aller rallier
une ligne de tirailleurs établie dans un fossé, le
long de la route d'Orléans, en face des canons prussiens. Le crépuscule tombait et l'obscurité com-
mençait à se faire. Lorsque nous sommes à portée,
les tirailleurs se replient sur nous au pas de course.
Au même instant les murs de la ferme occupée par
les Prussiens se couronnent d'étoiles; les détona-
tions pétillent pendant plusieurs minutes : quelques
balles seulement arrivent jusqu'à nous et passent
sans nous faire de mal. Les tirailleurs se rallient
derrière nous : ils n'avaient eu dans la journée
qu'un ou deux tués et peu de blessés. Nous conti-
nuons à tourner devant les positions ennemies

avant de rentrer dans les nôtres. Nous apercevons
sur le sol, malgré l'obscurité qui tombe, deux ou
trois objets allongés qui semblent être des morts.
Il y en a un qui remue : une silhouette noire, se détachant sur l'horizon, se lève et se penche sur lui,
puis finit par s'éloigner. Est-il concevable, puisque
la journée est finie, que l'on ne donne pas l'ordre à
quelques hommes de se détacher des rangs pour
aller relever ce blessé et le porter à l'ambulance ?
Quelles tristes impressions une si déplorable négligence n'est-elle pas de nature à produire dans les
âmes des conscrits ! La nuit tombe tout à fait. Nous
apercevons à l'horizon quatre villages en feu. Ainsi,
pendant toute la journée, nous avons déployé au
milieu de la canonnade, de l'infanterie devant l'ennemi, il n'a pas osé montrer la sienne ; le soir, à
notre approche, il n'a pas quitté, pour marcher sur
nous, la ferme qu'il occupait. Maintenant il brûle
des villages. Oh ! que si, passant entre ces lueurs
sinistres, nous tombions sur lui comme la foudre,
de quelle terreur ne serait-il pas saisi, lui qui cher-
che à nous en inspirer pour cacher les inquiétudes
que sans doute il ressent ! Mais en définitive nos
généraux savent mieux que nous ce qu'ils ont à
faire, et d'ailleurs, il faut toujours en revenir là, les
troupes sont si peu sûres ! Nous nous remettons à
marcher tristement, et nous rentrons en silence
dans nos cantonnements du matin. J'ai su depuis
que l'endroit dans lequel la journée s'est passée
porte le nom de plaine de Lorges, et cette journée

est un des combats qu'a livrés le général Chanzy pour assurer la retraite de l'armée de la Loire. Sera-t-elle bien téméraire l'opinion qu'en livrant une vigoureuse bataille d'un jour au lieu de trois à quatre combats successifs, on pouvait anéantir le corps du duc de Mecklembourg à qui nous avions affaire et qui se trouvait isolé (j'en avais le soupçon alors, j'en acquis la conviction plus tard), ou du moins le forcer à une retraite précipitée?

Le lendemain nous sommes sur pied dès quatre heures. C'est nous cette fois qui allons marcher les premiers, ma compagnie en tête. Nous perdons une heure à plier bagage. Nous descendons sans nous presser en décrivant sur la gauche un long circuit autour du champ de bataille de la veille. Le temps est froid, il a gelé la nuit ; mais le ciel est limpide, et le jour s'annonce clair et magnifique. Nous rencontrons en chemin un de nos cavaliers posté en vedette, le pistolet au poing. A notre vue, il pousse son cheval vers le capitaine, et lui dit de prendre garde, qu'il y a dans le voisinage une troupe de sept à huit cents ennemis. Je suis à proximité, j'entends l'avertissement. Au point du jour, le capitaine fait déployer sa compagnie en tirailleurs sur une ligne unique, les hommes à cinq mètres les uns des autres ; trois compagnies nous suivent, elles imitent notre mouvement et se déploient, chacune sur une seule ligne, laissant entre elles, en arrière de nous, des intervalles de trois cents mètres. Cette disposition est bonne en vue de donner moins de prise aux

projectiles, mais elle exige de la prudence aux ex-
trémités, les lignes étant si minces et n'ayant aucun
appui central pour les soutenir. C'est pourquoi le
capitaine a tort de ne pas prévenir ses hommes de
l'imminence d'une rencontre, et de se placer à l'extrémité gauche de sa ligne, au lieu de rester sur le
centre, à portée d'être prévenu de tout et de modifier ses dispositions en conséquence. Nous mettons
une heure à parcourir cent mètres d'un terrain dé-
couvert et légèrement montant. On marche, on se
couche un quart d'heure, on se relève. Nous apercevons en marchant le blessé que nous avions vu la
veille, et qui remue encore. Le malheureux a passé
là toute la nuit, et la gelée ne l'a pas tué! Sur ces
entrefaites le canon gronde derrière nous sur notre
gauche : à perte de vue deux ou trois masses prussiennes se mettent à fuir comme des mouches; la
rapidité avec laquelle elles se meuvent me fait supposer que c'est de la cavalerie. De notre côté, l'extrémité de la ligne où je suis, la droite, commandée
par le lieutenant, arrive à distance de la ferme que
les Prussiens occupaient la veille. Elle paraît abandonnée; un homme en blouse et une femme se
montrent de temps en temps au portail de la cour,
et se battent les flancs avec les bras pour se réchauf-
fer. On n'en reste pas moins une demi-heure à ne
rien faire. Enfin, on se décide à aller voir : on trouve
deux ou trois morts, des blessés et des casques;
la ferme est décidément abandonnée. Alors nous
nous répandons autour en dehors. La position est

très-belle, elle domine une partie de ces vastes
plaines ondulées de l'Orléanais où les villages brill-
lent au soleil, et où des bois paraissent par intervalles comme des taches plus sombres. Les Prussiens sont bien bons de s'être retirés. Du reste, ils
n'ont pas reculé beaucoup, car dans la partie où la
plaine se creuse, à sept cents mètres peut-être, nous
apercevons une, deux, trois, quatre, cinq, six, sept,
huit vedettes, toutes sur une même ligne, ayant des
parties boisées en arrière d'elles, à droite et à gauche,
plus loin, sur notre gauche, deux ou trois autres
sentinelles très-espacées dans la plaine. Nous allons
donc nous rencontrer sérieusement avec eux. C'est
le cas d'avertir le capitaine afin qu'il prenne ses
dispositions. Des soldats de mon escouade veulent
s'amuser à tirer pour voir si leurs balles portent
bien, je les en empêche, et je cours informer le lieutenant qui était resté en arrière de la ferme avec la
suite de notre ligne de tirailleurs. Le lieutenant se
détache et vient voir. Des soldats d'une autre escouade veulent tirer, on les laisse faire. Le lieutenant, les deux mains dans ses poches, regarde.
L'ennemi, s'éveillant, fait sortir deux colonnes de
derrière les bois : six cents baïonnettes brillent au
soleil. Un capitaine de chasseurs d'Afrique, suivi de
cinq ou six kabyles, vient et regarde aussi ; après
avoir regardé quelque temps, ils s'en retournent au
petit trop de leurs chevaux. Notre ligne de tirailleurs, séparée de nous par la ferme, et notre capitaine ne savent rien. L'ennemi continue d'avancer,

nous sommes une trentaine pour le recevoir. Le lieutenant donne l'ordre de rester et de tirer, mais il est inconcevable qu'il ne fasse pas prévenir la ligne : que faire trente contre six cents ? Le plus sage, si l'on ne veut pas battre en retraite, serait de se retirer dans la cour de la ferme, de s'y barricader et d'étendre mort quiconque se présentera aux issues : en même temps on préviendra la ligne de nos tirailleurs, et les compagnies qui sont derrière nous viendront nous appuyer. On finit par entrer dans la cour, en désordre. Une dizaine se placent dans l'embrasure d'un portail, et tirent en biais : le reste ne sait que faire. En même temps l'artillerie prussienne entre en jeu : obus et boulets font voler le mur en éclats et pleuvent sur nous comme la grêle; chacun s'abrite comme il peut. En un clin d'œil un caporal a sa gamelle démolie, un soldat son fusil fracassé, un autre une blessure à la main. Le lieutenant beugle comme un taureau en colère. « Nus allons nus vaire brentre ! » dit un soldat alsacien tout pâle. « Je le crois, » dis-je aussi. J'entre dans une grange à vaste ouverture pour voir s'il y a moyen d'y prendre position; j'aperçois sur de la paille un ventre et deux jambes de Prussien : je me retourne vers la cour : je vois les dix tirailleurs et le lieutenant traverser la cour avec la rapidité de la foudre et fuir tant qu'ils peuvent, les autres suivent. Nous voilà hors de la ferme : on se retourne un moment; le lieutenant et les autres se remettent à fuir à bride abattue. Je reste avec quelques pauvres diables à l'encoignure du mur : on peut de là foudroyer encore quiconque paraîtra sur la porte. Mais à gauche et derrière nous l'espace est entièrement vide, et l'ennemi va aussi arriver par là. Il faut que notre ligne de tirailleurs qui nous voit, qui est à trente pas, arrive enfin à notre secours et nous pourrons rétablir les affaires. Je me tourne vers eux pour leur faire signe : le premier se lève, il tourne le dos et fuit, le second fait de même, le troisième autant, et ainsi de suite, toute la ligne ! Saisi de stupéfaction et de honte, j'entends l'ennemi qui arrive, je le vois qui débouche. Des coups de fusil nous partent dans les jambes, un de nos camarades, couvert de sang, se roule à terre en poussant des cris affreux. Toute résistance devient impossible. Nous pourrions nous faire tuer, mais à quoi bon ! et où serait l'utilité après de si tristes exemples ! Nous nous rendons, et je rends moi-même avec des étranglements dans la gorge ce fusil qu'on m'avait confié pour un meilleur usage !

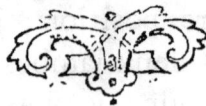

CHAPITRE III.

LA CAPTIVITÉ.

Les Prussiens qui nous avaient pris étaient des Bavarois, mais nous ne nous en aperçûmes point sur-le-champ. Ils nous firent entrer dans la cour de la ferme où nous étions maîtres un instant auparavant. L'un d'eux pressait avec douleur sa main d'où une de nos balles avait enlevé un doigt ; un sang noir s'en échappait. Ils agitaient leurs sabres au-dessus de nos têtes et criaient comme des forcenés en brandissant leurs fusils. Je crus qu'ils allaient nous fusiller. Je ne savais pas un mot d'allemand ; je me mis à leur parler latin ; ils ne me comprirent point. Cependant ils ne nous fusillèrent pas, et nous ayant confiés à l'escorte de trois des leurs, ceux-ci nous emmenèrent hors de la ferme. Nous descendîmes par les champs dans leurs lignes où nous n'aperçûmes plus personne. Mais nous entendions derrière nous le crépitement des coups de feu retentir dans la nue !

4

Sans doute leurs compagnies s'étaient engagées
avec les nôtres. Que d'absurdités commises dans
l'espace d'un quart d'heure ! En conservant quelque
prudence autour de cette ferme, nous aurions eu le
temps de faire venir nos compagnies, d'avoir même
peut-être de l'artillerie, et, soutenus par le feu de
nos pièces, nous aurions pu descendre sur leurs
positions. Il avait suffi de la maladresse de quelques soldats et de l'horrible incapacité d'un lieutenant pour nous faire perdre en un clin d'œil le
point que l'ennemi avait été forcé d'abandonner la
veille !

Quand nous eûmes marché quelque temps, un
officier supérieur à cheval, suivi de deux ou trois
cavaliers, accourant à notre rencontre, nous demanda en français avec un air d'inquiétude : « Que
pense-t-on dans votre camp de la journée d'hier ? »
Nous lui dîmes que nous n'en savions rien par la
raison qu'on ne nous en avait rien communiqué. Il
nous adressa quelques autres questions sur l'ordre
et la composition de nos corps d'armée ; nous fei-
gnîmes de ne pas entendre. Toujours inquiet, il s'é-
loigna. Nous rencontrâmes ensuite un médecin en
chef des ambulances, également à cheval. Il nous
salua d'un air bienveillant et nous demanda pourquoi nous tirions toujours sur ses ambulances :
« J'ai déjà perdu un de mes aides, » dit-il. Nous lui
répondîmes que dans notre armée on adressait les
mêmes reproches aux Prussiens, mais qu'il valait
mieux peut-être ne pas s'accuser réciproquement,

et qu'il paraissait plus naturel d'attribuer la cause de ces erreurs à des boulets perdus ou à la distance qui ne permettait pas de voir toujours sur quoi l'on tirait. Il admit l'explication, et avant de s'éloigner, il nous exprima son étonnement de ce que la France, continuellement vaincue, ne songeait pas encore à se rendre. Nous lui dîmes que la France ne pouvait se rendre que le couteau dans la gorge. Il n'ajouta rien, et nous quitta après nous avoir adressé un salut amical.

J'avais, en marchant, compté notre petite troupe. Nous étions dix-sept. Je me trouvais seul gradé. Plusieurs de mes camarades, qui avaient souffert dans notre armée, ne se gênèrent point pour exprimer leur satisfaction de n'y être plus. Quelle amertume d'entendre de pareils propos dans des bouches françaises ! mais pouvais-je y contredire? J'avais été témoin des avanies qu'on leur faisait sans cesse, et je venais de prendre la résolution de les écrire. Les petits villages que nous traversions étaient peu occupés ; nous vîmes une seule fois deux escadrons de hussards : les hommes étaient parfaitement vêtus et jouissaient d'une santé magnifique ; nous avions remarqué la même chose chez tous ceux que nous avions aperçus jusqu'ici, excepté chez nos conducteurs bavarois, pauvrement accoutrés, mais, comme les autres, se portant à merveille. Qui diable renseignait si bien nos journaux, et présentait toujours nos ennemis comme décharnés et mourant de faim? C'était bien plutôt, hélas ! l'état des habitants de

nos pauvres villages : il nous restait un peu de vivres crus qu'on nous avait distribués le matin ; nous
les donnâmes avec marmites et grands bidons à de
pauvres femmes affamées à qui nos ennemis avaient
tout pris. En arrivant sur la grand'route d'Orléans,
nous rencontrâmes la tête de toute l'armée prussienne,
infanterie, cavalerie, artillerie innombrable qui semblait aller au secours du duc de Meklembourg.
Pendant cinq à six lieues nous fîmes route en nous
croisant avec cette armée. Dans les commencements
nous étions insultés par des soldats : ils nous mena-
çaient du fouet ou nous injuriaient dans leur langue
en nous montrant le poing. J'ordonnai aux miens,
qui marchaient sans ordre, de se mettre sur quatre
rangs et de marcher militairement. Ils obéirent, et
nous ne fûmes plus insultés.

Nous nous trouvions à Orléans sur le déclin du
jour. Ce fut pour nous un grand crève-cœur que
d'entrer dans une ville française, captifs et sans
armes. Ceux des habitants qui se trouvaient sur
notre passage, ouvriers et bourgeois, s'écriaient avec
douleur : « Il en viendra donc toujours ! » Nous arrivâmes à la nuit sur la place de Jeanne d'Arc ; les
becs de gaz commençaient à s'allumer. La statue
de la guerrière se dressait au milieu, à cheval, dans
une noble attitude, les cheveux au vent. De noires
patrouilles de Prussiens circulaient autour et parcouraient la place en tous sens. Il me sembla que la
statue pleurait. C'était à Patay qu'elle avait vaincu
les Anglais quatre cents ans auparavant, et c'était

là, nous disait-on, que nos corps d'armée venaient d'être mis en déroute ! On nous conduisit à la gare ; nous vîmes, en passant, nos canons qui avaient été pris. Il restait encore dans la gare deux à trois mille prisonniers français ; il fallut nous installer dans l'embarcadère, très-beau local recouvert d'une vaste toiture charpentée en fer. Là je pus juger quelles bandes atroces étaient entrées dans la composition de cette armée de la Loire, dont on avait attendu tant de merveilles ; il semblait que toute la crème des grands chemins fût venue s'y réfugier. Quels vagabonds de toute espèce ! gens à la figure insolente et crasseuse, qui portaient leur uniforme français comme ils portaient auparavant leurs haillons ! Parmi les nouveaux compagnons que le sort me donnait, quelques-uns avaient bonne figure : j'entendis ceux-ci se plaindre de vols incessants qui se commettaient au milieu d'eux. Effrayé, je courus à mon sac que j'avais quitté un moment : les courroies en étaient déjà défaites, et la couverture avait disparu ; ce n'étaient pas des Prussiens qui me l'avaient prise, hélas ! Il y en avait peu dans l'embarcadère, juste le nombre nécessaire pour nous surveiller, l'arme sur l'épaule. Un instant après, je prête mon couteau à l'un des hommes de ma propre compagnie, fait prisonnier en même temps que moi : j'oubliai de le lui réclamer, il oublia de me le rendre et se perdit dans la foule. Des bourgeois ou des jeunes femmes de la ville venaient par moments faire des distributions de pain ; ils étaient heureux quand ils pouvaient s'en retirer sans horions. L'affreuse bande dont j'ai parlé se livrait autour d'eux, sur une profondeur de 15 à 20 mètres, une bataille en règle pour s'arracher le pain qu'on leur jetait. Le reste, ne pouvant prendre part à un tel pugilat, mourait de faim. Quelques enfants obligeants se chargeaient alors d'aller faire en ville des emplettes pour ceux qui avaient de l'argent (les sentinelles prussiennes les laissaient passer); mais quand l'enfant revenait avec sa provision, il fallait être aux aguets et se faire reconnaître, car souvent un tiers se substituait en l'absence du véritable acheteur et profitait d'une marchandise qu'il n'avait point payée. Il y avait autour de l'embarcadère un magnifique plancher parqueté formant trottoir : on avait déjà brûlé, avec le consentement tacite des Prussiens, bureaux, registres, papiers, etc., afin de se chauffer ; il ne restait plus rien. Les moblots se mirent à enlever le trottoir, et, les lignards les imitant, ce coûteux ouvrage fut anéanti en quelques heures. Je finis par découvrir un coin qui avait échappé au massacre, et je m'y installai pour y passer la nuit (c'était la deuxième) ; je m'enveloppai dans ma toile de tente, je mis mon sac sous ma tête et je m'endormis profondément. Dans la nuit, je sentis mon lit qui déménageait ; je me soulevai à moitié, et, entr'ouvrant les yeux, j'aperçus un moblot occupé sous mes jambes à enlever ce qui restait du trottoir. Je lui envoyai trois ou quatre coups de pied dans la figure ; l'animal destructeur s'éloigna en grognant, et je préservai ainsi de la ruine une surface de parquet égale à la largeur de mon corps. Puisse la compagnie d'Orléans m'en être reconnaissante !

Lorsque nous eûmes passé deux nuits dans la gare d'Orléans, on nous fit partir pour Pithiviers, au nombre d'un millier d'hommes, sous l'escorte des Bavarois. Cette première étape était de douze lieues. Nous marchions depuis dix heures déjà sur une route détrempée par la neige et par la glace : beaucoup n'en pouvaient plus. Il faisait nuit ; la fatigue plongeait notre troupe dans le plus profond silence : on n'entendait guère que les plaintes des écloppés. J'avais le chagrin d'être du nombre de ceux-ci : les épaules brisées par le poids de mon sac, les jambes endolories par la marche, la gorge sèche, la poitrine altérée, je n'avançais plus que mécaniquement et en déployant les derniers efforts : tout mon corps n'était qu'une douleur ambulante. Une voiture de réquisition nous suivait, chargée des sacs des Bavarois et de quelques-uns de nos soldats qui l'occupaient depuis le matin ; je m'en approchai avec deux ou trois pauvres diables. Nous les suppliâmes de nous céder un moment leur place ; ils nous refusèrent impitoyablement. Il fallut nous remettre à marcher et épuiser toutes les fatigues. Nous arrivâmes enfin à Pithiviers. Notre troupe s'arrêta un instant dans les rues avant d'entrer dans l'église où nous devions coucher. Je défis mon sac et je m'assis dessus ; des frissons glacés m'envahirent tout le corps, je ne me sentais plus. Il nous restait

encore cent pas à faire pour entrer dans l'église; je
roulai pour les faire plutôt que je ne marchai, et,
en arrivant, je me laissai tomber dans le chœur,
sous le lutrin, où il y avait un plancher. Les bourgeois de Pithiviers nous firent une distribution de
pain et de vin. J'en reçus ma part : le vin me rendit
un peu de chaleur, et, avant de m'endormir, je pus
admirer encore, à la lueur des lampes, l'élégance
gothique de la charmante église qui nous servait de
refuge.

L'étape suivante fut courte. La nuit, pendant
laquelle j'avais dormi d'un profond somme, avait
suffi pour me remettre de ma fatigue. Nous arrivâmes à Malesherbes. Là nous fûmes admirablement
traités : c'était un prêtre qui présidait à la distribution; par ses soins nous eûmes en abondance et par
portions égales de la soupe, du ragoût de viande
et de pommes de terre, du pain, du vin, du cidre,
que nous fournissaient les bourgeois et les culti-
vateurs de la localité. Personne, si bien qu'il s'y
prît, ne parvint à en avoir deux fois ou à voler la
part du camarade. Je remerciai personnellement ce
brave abbé de sa sollicitude, et en m'éloignant,
songeant à la manière dont il s'était acquitté de
sa besogne, je me demandais s'il aurait trouvé de
l'avancement dans l'armée? Nous passâmes ensuite
à Brie avant d'arriver à Melun. La conduite et l'attitude de notre malheureuse troupe, durant ces
étapes, n'était point faite pour exciter l'admiration :
nous marchions à la débandade, comme un troupeau

de veaux qu'on mène à la foire : ce n'était qu'à coups de crosses de fusil que les Prussiens, devenus nos conducteurs, parvenaient, au moment d'entrer dans les villes, à nous faire reprendre un certain ordre ; je suis convaincu que nous aurions été moitié moins maltraités si nous avions su conserver vis-à-vis d'eux une attitude disciplinée. Au lieu de la concorde et de l'esprit de fraternité qui eussent dû nous soutenir dans de si tristes circonstances et nous porter à nous aider mutuellement, une sorte de rage querelleuse et jalouse, un détestable esprit d'égoïsme s'était emparé de chaque individu. On n'entendait qu'invectives et objurgations sur toute la ligne ; sans cesse trente couples différents étaient sur le point d'en venir aux mains. Les plus raisonnables s'efforçaient de modifier cette attitude en présence de l'ennemi, et n'aboutissaient qu'à se faire couvrir d'insultes, surtout quand ils avaient un grade. Ah ! les gradés....... comme ils payaient cher en ce moment l'honneur éphémère d'avoir été quelque chose parmi leurs camarades ! il fallait voir ceux-ci les accabler d'injures, les traîner moralement dans la boue ; ils leur auraient volontiers craché au visage : « Rends-moi le pain que tu m'as volé, la viande que tu m'as mangée, le prêt que tu as mis dans ta poche ! » disaient-ils dans un grossier langage ; et les misérables ainsi invectivés osaient à peine répondre. Souvent les bons payaient pour les mauvais ! Un grand nombre de prisonniers avaient commis l'imprudence de se débarrasser de

leur sac, de leur musette, de leur bidon; la plupart
du temps les Prussiens, en les faisant prisonniers,
les en avaient eux-mêmes soulagés; bref, il ne leur
restait plus rien pour porter des liquides ou des
vivres; mourant de besoin, ils s'adressaient à leurs
camarades surchargés pour en obtenir une goutte
d'eau, une bouchée de pain; ils n'en tiraient jamais
qu'un refus. Alors ils s'arrêtaient sur le bord de la
route et buvaient de l'eau de neige; mais il fallait
boire vite, car les uhlans passaient sans avertir, et
renversaient sous les pieds de leurs chevaux ceux qui
négligeaient de se ranger! Très-souvent de braves
gens nous voyaient venir de loin, et accouraient de
leurs villages jusque sur la route pour nous distribuer du pain ou du vin; aussitôt les scènes qui s'é-
taient passées à la gare d'Orléans se renouvelaient.
Une nuée de vagabonds, la plupart déjà chargés de
vivres, s'abattaient sur l'arrivant comme à une cu-
rée, et, se repoussant les uns les autres, se bous-
culaient autour. Alors le hideux uhlan poussait
son cheval, le dressait sur eux avec un accent de
chien qui grince, et les frappait de sa lance pour les
disperser. La bande vorace fuyait, emportant dans
ses haillons les morceaux et les coups qu'elle avait
attrapés... O France!...

Nous passâmes à Melun où nous fîmes séjour.
Nous devions prendre le chemin de fer à Lagny.
Avant d'y atteindre, nous entendîmes le canon
de Paris. Les Parisiens, abandonnés du reste de la
France impuissante, se défendaient comme ils pou-

vaient ; mais il était facile de comprendre que puis-
qu'ils n'avaient pas réussi, dès le début, à exécuter
les choses qui devaient les sauver, ils n'y réussi-
raient point davantage par la suite, et il était à
présumer que comme Strasbourg, Toul et les autres
villes, ils n'auraient à présenter à l'histoire que le
souvenir de leur constance et de leur fermeté. A
Lagny, nous logeâmes, comme toujours, dans l'é-
glise. Ce délicieux sanctuaire, composé de colonnes
et de cintres, et formé de nefs profondes, enrichi de
magnifiques vitraux coloriés qui y faisaient descendre dans une demi-obscurité toutes les teintes
de l'arc-en-ciel, m'impressionna vivement ; l'édifice
cependant est demeuré inachevé. Des tableaux de
l'école française du xviiᵉ siècle ornent les murs :
la fatigue et la présence de la foule m'empêchèrent
de les examiner. Le pavé de l'église était couvert
d'une paille qui avait servi à maints de nos prédéces-
seurs ; elle était devenue un véritable fumier exha-
lant une odeur insupportable : des baquets placés
cà et là débordaient d'un liquide que je ne nomme
point et qui ruisselait sur cette paille : le temple
saint n'était plus qu'une écurie infecte. Nous couchâmes là dedans.

Nous montâmes le lendemain en chemin de fer :
nous fûmes presque tous placés dans des tombereaux
découverts, garnis de rebords. Nous voyageâmes lentement toute la nuit ; nous nous arrétions longtemps
dans les gares. Dans une de ces gares, mourant de
soif, je confiai ma gamelle à un Prussien pour qu'il

allât me la remplir d'eau. Un enfant me la rappor-
tait et criait le long du train : « A qui la gamelle ? »
— « A moi ! » répondit au loin un de mes honnêtes
camarades, qui, tendant les mains, s'empara de la
gamelle et de l'eau qu'elle contenait. Je criai, mais
en vain, ma voix se noyait dans le vent ; reconnaître
le voleur était impossible : je perdis ainsi un usten-
sile bien précieux, et je continuai à mourir de soif.
A Châlons, les habitants nous firent des distributions avec un empressement touchant, mais un tel
désordre que les uns eurent tout, les autres rien.
A Bar-le-Duc nous descendîmes du train à minuit
pour avoir à manger ; on nous donna un peu de riz
avec un morceau de lard fumé, et on nous laissa
reposer quelques heures dans un vaste local. On
nous fit lever vers six heures. En me mettant sur
mes pieds, je sentis la tête me tourner, et je rendis
mon repas dans le même état que je l'avais pris la
veille : la moitié de la troupe était malade. Le train
reprit sa marche. Nous traversâmes l'Argonne et
les Ardennes, où, dans des temps plus heureux, Du-
mouriez avait arrêté l'invasion. Nous vîmes Toul
en passant, noble cité, avec ses murs et ses édifices
troués de boulets, silencieuse désormais. Nous
tournâmes au pied de Liverdun, bâti en escarpe-
ment dans une situation délicieuse, au bord d'un
admirable paysage où les flots de la Moselle se déroulent dans un vaste encadrement de montagnes.
Mais à Nancy nous reçûmes un accueil incompa-
rable. On eût dit que cette ville infortunée, menacée

de devenir prussienne, voulait protester de toutes
ses forces, et effacer, à force de manifestations, la
honte d'avoir été prise jadis par quatre cavaliers.
Hommes et femmes de tout rang et de tout âge, se
pressant autour du parapet qui domine la gare,
d'autres ayant obtenu l'autorisation de pénétrer
dans la gare même, nous distribuèrent avec une
inépuisable émulation, pain, vin, bouillon, café
chaud, etc.; quand nous pensions que c'était fini,
cela recommençait. Après les vivres et la boisson, les
effets d'habillements. Des femmes charmantes prenaient dans leurs mains blanches de grosses paires
de sabots accompagnés de chaussons et nous les
descendaient au bout d'une ficelle ; il nous pleuvait
sur la tête, chemises, gilets, mouchoirs, cravates,
gants de drap. Un vieux châle vint de lui-même se
placer sur mes épaules, et je reçus sur la joue comme
un coup de poing : c'étaient deux chemises de fla-
nelle roulées ensemble qui m'arrivaient, je ne sais
d'où. Je m'en emparai précipitamment et les mis
dans mon sac avec reconnaissance, prévoyant
qu'elles me seraient utiles. Quand le train partit
pour nous emmener vers des régions inconnues, de
pauvres filles, cachant leur visage dans leurs mains,
se mirent à pleurer. Au milieu de tant de désastres,
il nous restait donc encore une patrie, des frères, des
sœurs vraiment dignes de ce nom !

Nous roulâmes silencieusement vers l'Alsace. La
nuit nous atteignit avant d'arriver dans les Vosges.
Le vent était froid et soufflait avec force ; la pluie

5

ne cessait de tomber. Assis sur mon sac, le dos appuyé au rebord du tombereau et les pieds dans la boue, soutenu à droite et à gauche par les épaules de mes camarades que d'autres soutenaient également, je m'étais couvert de ma toile de tente et enveloppé les jambes d'une mauvaise couverture qui m'était restée ; cela suffisait pour me garantir de la pluie, mais non du froid. Cependant je parvins à m'endormir. Tout à coup le train s'arrêta. « Saverne ! » cria-t-on dans le voisinage. J'ouvris les yeux et j'entrevis quelques maisons isolées où brillaient de pâles lueurs au pied de sombres montagnes qui s'élevaient autour de nous : nous étions dans les Vosges. Le train ne tarda pas à les quitter. J'eus le cœur serré en traversant l'Alsace ; je me demandai combien de temps cette province resterait prussienne ; nous le saurons dans l'avenir. Nous arrivâmes en pleine nuit en gare de Strasbourg. De noirs nuages roulaient au ciel ; des trains prussiens sifflaient et parcouraient la plaine, la sillonnant de leurs yeux rouges ; le vent soufflait, la pluie nous fouettait le visage. On se couvrait comme on pouvait. Nous étions persuadés que nous allions être internés à Strasbourg. Nous restâmes trois heures sur les rails sans quiter nos tombereaux. Malgré l'état du ciel et de l'atmosphère, la fatigue nous fit dormir. De temps en temps des frissons me réveillaient brusquement, mais je me rendormais aussitôt. Quand je me réveillai tout à fait, le train était en marche, et nous avions passé le Rhin : nous étions

en Allemagne ; le jour s'était déjà levé. La première
ville que nous rencontrâmes fut Carlsruhe. Le public venait librement dans la gare : de jolis enfants,
pour se rendre à l'école, traversaient les rails sans
crainte des locomotives qui ne cessaient d'y circuler.
En France, lorsque passe une locomotive, les gens
ont la malheureuse habitude d'aller se mettre dessous ; il n'est donc pas possible d'ouvrir, dans ce
pays, les gares et les voies ferrées au public, et elles
y sont l'objet d'une active surveillance. Cependant
notre troupe s'était grossie en chemin ; tout à coup
les trois quarts de notre train se détachèrent de la
queue, nous laissèrent sur place, et, se dirigeant
vers les sommets de la Forêt-Noire qu'on apercevait
dans le lointain, prirent le chemin de la Bavière. On
nous dit qu'ils allaient à Ulm ; Ulm, situé dans un
pays accidenté, sur le Danube, la belle et bleue Do-
nau, comme disent les Allemands; Ulm, célèbre
par sa capitulation, dont le souvenir sans doute a
dû adoucir dans l'âme de nos camarades l'amertume
de celle de Sedan.

Nous autres, nous nous enfonçâmes vers le nord.
Le train circulait le long des dernières ramifica-
tions de la Forêt-Noire : nous regardions d'un œil
curieux ces mamelons élevés, couronnés de bois et
noyés dans la pluie, au sommet desquels se dressait
presque toujours quelque vieux donjon, débris célèbre des temps passés. Le train fit un temps d'arrêt à Heidelberg, renommé par son université et
les ruines magnifiques de son château que nous

apercevions à mi-côte, indice de la puissance des-
tructive des Français au xviie siècle ; ils l'ont égalée
depuis dans léur propre capitale. Au delà d'Heidelberg le temps s'était éclairci ; en tournant les yeux
vers la France, nous aperçûmes à l'horizon, à une
immense profondeur, la chaîne des Vosges avec ses
mamelons étagés confusément les uns sur les
autres, et présentant de loin leurs croupes cuivrées,
légèrement lumineuses. Cet effet de lumière, qui
n'est qu'un reflet du soleil, porte dans le Tyrol le nom
d'*Alpengluhn*, rayonnement des Alpes : l'éclat en
est absolument identique à celui de la lune vue en
plein jour. Nous passons encore devant une ville,
Darmstadt. Enfin, nous voilà à Francfort : on nous
avait dit que nous serions internés dans le voisinage; le Mein large comme un fleuve, de beaux
quais, des montagnes lointaines où le Rhin s'en-
fonce, frappent nos regards. Là, le froid commence
à se faire sentir avec une rigueur qui ne peut plus
se supporter : on nous délivre enfin des tombereaux
pour des wagons à bétail, fermés. Nous sommes
une trentaine dans un espace étroit; on se cha-
maille avec un acharnement sans pareil : un coude
qui en touche un autre, deux jambes qui se croi-
sent, donnent naissance à des querelles interminables. Horribles gens ! quel démon les excite ? Ils
n'ont fait que cela tout le long de la route ; il n'y a
pourtant parmi nous personne de payé par Badinguet, d'Orléans ou Bourbon pour semer la discorde !
Nous voyageons toute la nuit, nous passons à Ha-

nau. Au matin, encore une grande ville, de beaux
quais éclairés par le gaz... mais... ce sont les mêmes
que la veille! nous sommes donc revenus à Francfort? En effet, il est tombé une telle quantité de
neige pendant la nuit que les lignes sont intercep-
tées : il a fallu rebrousser chemin. Enfin, où allons-
nous? car jusqu'ici personne n'a pu nous l'apprendre d'une manière certaine. A Dantzig! nous
répond-on de différents côtés, et cette fois avec un
tel accent de certitude qu'il n'y a pas à s'y mé-
prendre! A Dantzig! au fond de la Prusse! Toute
mon énergie m'abandonne. J'avais lu dans le
Siècle une lettre où l'on faisait un tableau effrayant
des souffrances des prisonniers dans les forteresses
du nord; je me disais : « Je n'en reviendrai pas! »
Enfin, prenant mon courage à deux mains : « Eh
bien, m'écriai-je intérieurement, à Dantzig, donc!
et buvons le Prussien jusqu'à la lie! »

Nous traversons Francfort à pied; la neige a
étendu partout son blanc manteau. Nous voyons la
ville à la lueur du gaz : de belles rues bordées de
hautes maisons. Tout est silencieux. Nous passons
près du monument de Gœthe, et nous voilà dans
une autre gare, celle que nous avions quittée la
veille. On nous fait prendre un peu de café, mais
sans sucre! « Comme on voit bien que nous appro-
chons des pays sauvages! disent gravement nos soldats. Dans une si belle ville on ne connaît pas
l'usage du sucre, c'est trop loin des colonies! »
Nous passons dans un nouveau train pour repren-

dre ce sempiternel voyage. Au prix de quelques
bousculades, je parviens avec plusieurs de mes camarades à m'introduire dans un compartiment de
première classe : c'est risqué ! et les Prussiens pourraient bien nous en faire descendre, mais non ! on
nous y laisse, et en route ! La satisfaction d'être à
l'aise après avoir été tant secoués, la perspective de
ne pas mourir de faim, et de ne pas être trop maltraités (car les Prussiens, depuis notre entrée en
Allemagne, se sont montrés bienveillants), jettent de
la bonne humeur dans notre troupe : on rit, on
cause, on lie connaissance ; la délicieuse paix rentre dans tous les cœurs et on ne se dispute plus que
de temps en temps. Nous voyons Nauheim, Mar-
bourg, Cassel. Les soldats font toutes sortes de remarques : « Qu'est-ce donc qu'on disait de l'Allemagne ? voilà des villes comme chez nous, des
bourgeois qu'on prendrait pour des Français,
même les chiens, tout est pareil ! » Les horloges
les intriguent; il y a des moments où on serait
bien aise de savoir à quel point de la journée on
en est, mais ce sont toutes des horloges à carillon;
l'heure va sonner, on prête l'oreille : on entend
une ribambelle de sons et de musique ! impossible
de savoir quelle heure il est. « Leurs horloges, c'est
comme leur s ..ée langue, disent nos soldats, on
n'y entend goutte ! » A mesure que nous avançons
vers le nord, le froid devient de plus en plus péné-
trant et finit par nous réduire au silence. Nous
nous en garantissons tant bien que mal avec ce qui

nous reste de couvertures; nous nous glissons mutuellement les pieds sur les banquettes entre les
corps de nos vis-à-vis pour nous les tenir chauds.
Dort qui peut, veille qui veut, on se laisse rouler.
Le désir de voir le pays me fait rester les yeux
ouverts. Mais il y a un pouce de glace sur les vitres
des portières. Je suis obligé de creuser sans cesse
avec le rasoir qui me sert de couteau depuis qu'on
m'a volé le mien, afin d'atteindre la vitre et regarder
au travers.

De la neige, toujours de la neige! d'immenses
plaines blanches, parfois coupées de fortes ondulations et toujours terminées par des horizons bru-
meux; quelquefois des bois couverts de givre où
brille un rayon de soleil : des arbres superbes se
dressant sur les vallées comme autant de panaches
éblouissants ou comme de magnifiques vieillards.
Telles sont les beautés de l'hiver. En traversant un
de ces paysages, dans un petit chemin qui s'arrêtait
près de la voie ferrée, je vis Gretchen : elle avait
une jupe courte qui lui tombait un peu au-dessous
du genou, des bas bleus et de longues tresses blon-
des; mais elle était un peu vieillie, et regardait
passer le train d'un œil mélancolique. Cette vue
me jeta dans un monde de réflexions, Gœthe, l'Allemagne... j'en ferai grâce au lecteur. Un matin,
à moitié engourdi, je venais de m'éveiller; le train
allait lentement et à reculons, un jour vague com-
mençait à paraître : j'entendais par moments des
bruits de voix; des reflets de lumière inusités péné-

traient dans notre compartiment. Je me hâte de
gratter à ma vitre : j'aperçois une longue rue bor-
dée de peupliers, puis, le train reculant toujours,
des maisons qu'on aurait pu toucher avec la main
tant elles étaient près, puis un nombre considérable
d'usines avec leurs longues cheminées fumantes.
Décidément c'est une grande ville ; je me hâte d'ouvrir la portière : « *Wie heist die Stadt?* Comment
s'appelle la ville ? » demandai-je en allemand, car à
force de me creuser le cerveau, j'avais fini par m'en
rappeler quelques bribes que j'avais balbutiées autrefois. — « Berlin ! » me fut-il répondu. — Berlin !
capitale de la Prusse ? — Ia, Berlin ! » Nous étions
à Berlin où nous voulions tant aller au commencement de la guerre ! Mais on en voyait peu de
chose. Je fis part de la nouvelle aux camarades ; ils
furent bien étonnés et rirent sans façon ; moi, j'ad-
mirai l'ironie du sort. Nous avions encore deux
jours et deux nuits de route à faire avant d'arriver
à Dantzig. Épuisé de fatigue, je cessai d'accorder
à la contrée une attention quelconque. De temps
en temps on prenait un repas, en moyenne une fois
par jour. Ce n'était guère. Beaucoup de prisonniers, et j'étais du nombre, avec un peu d'argent
qui leur restait, avaient fait quelques provisions ;
on en donnait ce qu'on pouvait aux camarades, la
répartition de toute la troupe en petits comparti-
ments ayant rendu les rapports sociaux plus faci-
les. Enfin, le seizième jour depuis que nous étions
en route tant à pied qu'en chemin de fer, après avoir

admiré, en passant, un magnifique viaduc, le pont de Dirschau, construit sur la Vistule entièrement gelée, là où la voie se bifurque vers Kœnigsberg, moulus, toussant et crachant à faire pitié, nous arrivâmes à la tombée de la nuit en face d'une longue traînée de becs de gaz qui jetaient un pâle éclat dans la brume : c'était Dantzig.

CHAPITRE IV.

Dantzig est situé sur la Baltique, au fond du golfe du même nom, golfe très-beau et très-vaste, à demi fermé au nord par la presqu'île de Héla. Cette presqu'île, que termine un phare, n'est point du tout suffisante, comme le dit Cortambert, pour abriter le golfe contre les vents du nord ; ce n'est qu'une langue de terre sablonneuse, longue de 5 lieues, large de 2 kilomètres, élevée tout au plus de 5 à 6 mètres au-dessus du niveau de la mer : il n'y a certainement pas là de quoi mettre un frein à la fureur de Borée. La ville est très-forte et très-commerçante ; elle possède deux ou trois cales de construction pour la marine de guerre. Ancienne métropole des chevaliers Teutoniques, elle s'était placée depuis plusieurs siècles sous la suzeraineté de la Pologne, lorsque le partage de 1793 la livra aux Prussiens. Elle a été prise par les Français

en 1807, et défendue par Rapp contre les Russes
en 1813; elle avait déjà soutenu plusieurs siéges
dans les siècles précédents... Sa population s'élève
à quatre-vingt-dix mille habitants. Voilà, à peu
de chose près, tout ce qu'en donnent les géo-
graphies, et tout ce que j'en savais moi-même
en y arrivant. Nos grands-pères y avaient péné-
tré l'arme sur l'épaule, tambours en tête; nous y
entrâmes escortés par les Prussiens. Il faisait encore
assez de jour se mêlant au gaz pour permettre d'y
voir clair. Je m'étais attendu à trouver une ville
comme toutes les autres, des rues à peu près droites,
des places carrées. Mon attente fut totalement
déçue. Les rues étaient étroites, irrégulières; les
maisons avaient un aspect étrange, toutes à doubles
fenêtres sans contrevents; les églises, les monuments étaient d'une architecture bizarre; parmi les
habitants on voyait une foule de petites faces à
la kalmouke. Quelques Français en uniforme circulaient librement au milieu d'eux, et nous deman-
daient des nouvelles de France : ils avaient obtenu
l'autorisation de travailler en ville; cette circons-
tance causa une grande joie à plusieurs d'entre nous
en faisant naître l'espérance d'obtenir aussi la même
autorisation. Absence complète de voitures : des
traîneaux se croisant en tous sens glissaient sur la
neige durcie des rues; ils avaient tous une forte
clochette suspendue généralement à la tête du cheval, ce qui produisait dans la ville une assez jolie
musique. Les chevaux respiraient bruyamment et

soufflaient leur haleine sur les poils de leur poitrail
où elle se congelait immédiatement ; des aiguilles
de glace leur sortaient des naseaux. Les cochers,
ainsi que les passants, avaient la barbe hérissée de
glaçons. Notre physionomie ne tarda pas à prendre
le même aspect ; quand nous arrivâmes aux baraques où nous devions être casernés, nous avions
tous l'air de phoques. En passant dans la ville,
nous aperçûmes à la lueur du gaz une devanture de
boutique avec cheveux, pots de pommade, etc., et
sur l'enseigne, au-dessous de quatre plats à barbe
d'un beau cuivre, ces mots : « *Raᵹir*, *Friᵹir*, *Salon.* » Cette vue nous flatta singulièrement ; et plus
d'un, à l'aspect de ce premier échantillon de la
langue allemande, en conçut la pensée téméraire
d'apprendre cette langue avec rapidité.

Les baraques où nous fûmes introduits étaient
parfaitement chauffées. Nous couchâmes les uns à
côté des autres sur des lits de camp, avec une pail-
lasse pour chacun, un traversin garni de paille,
un bonnet de coton et deux excellentes couvertures.
A ces fournitures était jointe une serviette pour
nous laver. La nourriture, les premiers jours, fut
trouvée très-bonne ; elle consistait en café noir, le
matin ; en une portion de viande (lard ou bœuf)
accompagnée d'une copieuse ration de pois, de riz,
ou de pommes de terre, à midi ; et d'une soupe à la
farine, le soir, que les Prussiens savaient faire ex-
cellente, mais que nos cuisiniers, des Français
d'entre nous, faisaient détestable. Le pain ne valait

pas grand'chose; il était composé d'une espèce de
mélange d'orge et de seigle, que nos estomacs n'é-
taient pas habitués à digérer : on le cuisait cependant spécialement pour nous, le pain du soldat
prussien étant si mauvais qu'il ne pouvait même
pas tenir dans notre bouche. Ce régime, semble-
t-il, ne fut pas le même dans toute l'Allemagne; car
il nous vint un jour des prisonniers des bords du
Rhin, qui, à leur arrivée parmi nous, crurent, selon
leur expression, tomber dans le paradis terrestre.
Mais ils ne tardèrent pas à s'apercevoir que c'était
un paradis où le serpent avait passé. Sans parler
des Prussiens, sur lesquels j'aurai à revenir, nous
eûmes à souffrir aussi de la part de nos propres camarades. Au bout de quelques jours, la nourriture,
bonne d'abord, devint mauvaise, et les portions
allèrent en diminuant. Nous nous aperçûmes que
la faute en était à nos cuisiniers, fonctionnaires peu
fidèles, imitateurs zélés des exemples qu'ils avaient
reçus dans les dépôts : ils s'entendaient avec les
Prussiens du dehors et leur transmettaient pour
quelque argent une partie de nos vivres. On les
changea. Leurs successeurs ne volèrent point, mais
s'acquittèrent de leur besogne avec une telle négligence que la cuisine n'en devint pas meilleure. Les
vols, plaie primitive du voyage, recommencèrent à
s'exercer entre compagnons de captivité dans des
proportions désastreuses. On distribuait à chaque
homme un pain de 4 livres pour quatre jours :
nombre de gloutons mangeaient le leur en un jour

ou deux ; pour satisfaire leur appétit des jours sui-
vants ils dérobaient le pain de leurs camarades forcés
de mourir de faim à leur place. Tel ou tel voyait en
outre disparaître sa culotte, sa chemise, ses souliers.
Il me fut volé personnellement du sucre dont je me
servais pour notre café du matin, du savon, le rasoir
qui avait remplacé mon couteau avant que j'en eusse
acheté un autre, et successivement deux paires de
souliers. On parvint à pincer quelques filous ; on se
contenta de les couvrir de honte en les faisant sauter
à la couverture ; quelques jours de forteresse les
eussent bien mieux régalés ; mais il régnait parmi
les prisonniers un sentiment honorable, qui était
de ne pas mêler la police des Prussiens à nos affaires particulières ; nous avions donc pris le parti de
tolérer jusqu'à un certain point de la part de nos
camarades une foule d'inconvénients que nous
n'aurions pas supportés un instant en garnison.
Enfin, certains jeunes gens parlant allemand, atta-
chés aux bureaux prussiens des prisonniers de guerre
en qualité d'aides-interprètes, poussèrent dans les
derniers temps la dépravation jusqu'à intercepter des
mandats de poste adressés aux prisonniers : ceux que
les Prussiens purent découvrir furent jetés en prison.
Des subalternes de l'armée prussienne, en dépit de
la forte discipline qui règne chez eux, s'en mêlèrent
aussi : les malades, en entrant aux hôpitaux, devaient déposer leur sac, avec son contenu, dans une
salle spéciale ; quand ils ressortaient guéris, ils re-
trouvaient bien le sac, mais de contenu, néant. Les

coupables furent découverts et envoyés en France, ce qui était considéré comme une peine disciplinaire.

En dépit des désagréments, de la rigueur du climat, de ce ciel toujours chargé d'une brume sombre où apparaissaient, comme de vagues silhouettes, les toits des maisons et les clochers des églises couverts de neige, on était content d'être arrivé. Dès le lendemain on s'occupa de sa toilette, et Dieu sait si l'on en avait besoin ! Plusieurs, depuis leur entrée en campagne jusqu'à ce jour, n'avaient eu le temps ni de changer de linge, ni de nettoyer leurs effets. On s'y mit avec zèle. Je me souvins des chemises de Nancy, et je déployai les flanelles que la Providence m'avait jetées à la figure. Comme je passais l'une d'elles sur mon corps, je sentis dans la manche un petit papier qui s'y trouvait cousu. Je pensais qu'il portait le prix du coût, et j'allais le jeter quand j'aperçus de l'écriture. Je l'ouvris, quelque peu intrigué, et je lus :

Nancy, 15 décembre 1870.

Monsieur,

La personne qui vous a fait cette chemise serait bien désireuse de savoir si vous êtes malheureux en Allemagne, et si vous désirez quelque chose. Ne vous gênez pas, écrivez-moi, et l'on vous viendra en aide. Voici mon adresse : Mlle A. B***, rue....., Nancy.

N'oubliez pas votre adresse, S. V. P.

L'orthographe était incorrecte, et l'écriture indécise comme une écriture de femme. Je fus vivement touché. Je répondis sur-le-champ à l'aimable fille que, personnellement, je n'avais besoin de rien, mais que s'il lui était possible de m'envoyer quelque chose pour distribuer aux camarades, je m'en chargerais avec plaisir. En même temps, pour satisfaire son obligeante sollicitude, je lui donnai des détails sur notre situation, puis je laissai à la lettre le temps d'arriver à son adresse.

Quelques-uns d'entre nous moururent au lendemain de l'arrivée. Les fatigues du voyage avaient ébranlé la santé de presque tous : l'obligation de passer perpétuellement de la chaleur de la baraque au froid glacial du dehors acheva les moins vigou - reux. Un soir, entre autres, un chasseur se plaignit à son voisin, et lui dit en langage militaire : « Je suis... perdu ! » Le lendemain on le trouva mort. Un peloton de quarante prisonniers fut désigné pour l'accompagner à sa dernière demeure. Je m'adjoignis à ce peloton, et je me rendis avec les camarades, à travers les fortifications et les faubourgs de la ville, jusqu'à l'hôpital où le corps avait été transporté. Quelques baïonnettes prussiennes marchaient avec nous. A l'hôpital, nous fûmes rejoints par l'officier (prussien) de notre compagnie. Il se trouva qu'un des leurs était mort aussi, et l'on se disposa à faire les deux enterrements en même temps. Nous étions rangés sur la neige devant le local où les corps étaient déposés : il faisait très-froid. Nous entendîmes clouer les bières. Quand les cercueils furent

6.

cloués on les revêtit de drap noir ; un peloton prussien attendait comme nous. Huit hommes de chaque peloton les prirent sur leurs épaules, et nous
sortîmes, le mort français ayant les devants. Un pi.
quet de soldats en armes, accompagnés de deux
tambours, nous attendaient à la porte ; ils se ran-
gèrent en tête, et le cortége se mit en marche.
Les tambours, minces et sonores comme des
tambours de basque, faisaient entendre un rou-
lement continuel, saccadé à chaque pas d'un coup
de baguettes plus vigoureux. Les habitants, dans les
rues bizarres que nous traversions, s'arrêtaient sur
le seuil de leurs portes et nous regardaient passer.
Des enfants venaient jusqu'auprès de nous en se
jouant ; ils nous disaient : « Bongjour, Francès! »
puis retournaient à leurs jeux avec l'insouciance de
leur âge. Nous franchîmes les fortifications de la ville.
Au bout d'un quart d'heure, nous arrivâmes, suivis d'un petit nombre de curieux, à la porte du
cimetière. Un prêtre catholique y était déjà. Il conduisit notre cercueil depuis la porte jusqu'à la
tombe, au bord de laquelle il prononça quelques
prières. Quand le corps fut descendu dans la fosse,
il nous dit en français de prier à notre tour pour
l'âme du camarade : nous nous étions découverts et
l'officier prussien également. La prière accomplie,
les soldats du piquet, le dos tourné, apprêtèrent
leurs armes, et le canon à demi tendu vers le ciel
les déchargèrent trois fois. Le voisinage des rem-
parts répercuta la détonation, et le bruit roulant

des coups de feu parut accompagner dans l'espace l'âme du Français mort. Dans le même temps, les Prussiens restés en arrière enterraient aussi le leur, mais à la hâte, et sans lui rendre aucun honneur militaire.

Lorsque j'avais été pris, de nouvelles perspectives s'étaient ouvertes devant moi, et j'avais formé dès lors la résolution d'obtenir un permis de circuler dans la ville où je serais interné, afin de me mettre en rapport avec les Allemands, d'étudier leurs mœurs, leur caractère, leur esprit, leurs idées. Le souvenir des Français que nous avions rencontrés dans la ville à notre arrivée, me confirma dans cette intention. Je savais que notre langue et notre littérature sont l'objet d'études sérieuses de la part de toute la jeunesse allemande. Deux jours après notre installation, j'abordai le lieutenant prussien chargé de la direction de notre compagnie, M. Mossenach, et je lui demandai s'il ne me serait pas possible d'obtenir l'autorisation de donner des leçons en ville. Il me répondit avec beaucoup d'obligeance qu'il se chargerait, non-seulement d'obtenir pour moi cette autorisation, mais qu'il me procurerait lui-même des leçons. Je le remerciai et j'attendis. Au bout de huit jours, M. Mossenach me fit appeler et me conduisit à ce qu'ils appellent la Parade, chez nous l'appel et le rapport réunis. Là, le colonel qui présidait à la parade, m'interrogeant avec un ton tout empreint de sollicitude, m'apprit qu'un officier supérieur de l'armée prussienne, M. le major de

Sandrart, avait demandé un professeur français pour
donner des leçons dans sa famille, et que si je le dé-
sirais on m'adresserait à lui. J'acceptai l'offre, et je
me rendis le soir à l'adresse indiquée. Je trouvai,
dans un intérieur élégamment meublé, avec plantes
vertes aux fenêtres et douce chaleur dans les appar-
tements, toute une charmante famille, une dame gra-
cieuse, deux jolies jeunes filles de quatorze à quinze
ans, un aimable vieillard en uniforme, qui m'accueil-
lirent avec une politesse exquise. Jours et heures
furent pris pour les leçons, et pendant tout le temps
de mon séjour à Dantzig, je n'eus qu'à me louer
des rapports pleins de courtoisie et d'estime récipro-
que qui s'établirent entre nous. Un permis de circuler depuis le matin jusqu'au soir me fut délivré ;
je me procurai d'autres leçons et d'autres connaissances, et je trouvai ainsi, dans ma captivité, à l'ins-
tar de plusieurs de mes camarades, la liberté et des
occupations, remède efficace contre l'ennui et le dé-
couragement.

Je profitai d'abord de ma liberté pour voir la
ville. Elle est assise sur la Mottlau, affluent d'un
bras de la Vistule qui passe à ses portes. Pendant
une partie de l'hiver ces deux cours d'eau sont gelés ;
les navires y séjournent immobiles, et l'on y circule
entre eux, à patins, à cheval ou en traîneau. Après
la fonte des glaces, les deux fleuves s'animent sous
une active navigation, le port de Dantzig est toujours plein de navires de tous les tonnages. La Vistule, jusqu'à la mer, sur un espace d'une lieue et

demie, est couverte de bricks, de trois-mâts, de paquebots à l'ancre, venus là principalement pour enlever les bois et les blés de la Pologne et de la Russie, dont Dantzig est l'entrepôt immense : la Vistule, en effet, est la route naturelle, qui, sortant de la profondeur de ces contrées en amène sur des chalands et des radeaux, les productions jusqu'à la Baltique. Sur une longueur de trois quarts de lieue en amont de Dantzig, la surface du fleuve est couverte de bois flottants qui y font séjour en attendant leur exportation : il ne reste qu'un passage étroit pour la circulation des navires. En même temps les deux rives disparaissent sous des tas de blés que des femmes remuent le jour pour les faire sécher, et que le soir on recouvre de toiles, pour les abriter la nuit ; dans l'intérieur de la ville, des docks immenses construits le long des quais en regorgent encore. Dantzig fabrique et exporte aussi de bonnes bières, des eaux-de-vie blanches à paillettes d'or que les Allemands appellent *eau d'or* et que chez nous on connaît sous le nom d'eaux-de-vie de Dantzig, des cordages pour les navires, des objets d'ambre, etc. Ce dernier article se recueille à l'état brut dans le sable, sur les côtes de la Baltique, entre Dantzig et Kœnigsberg ; il y avait autrefois dans ces parages d'immenses forêts de sapins qui furent englouties par les eaux ; l'ambre n'est autre chose que la partie résineuse de ces arbres passée à l'état fossile.

L'intérieur de la ville est curieux à visiter : il porte un cachet d'originalité et d'antiquité dont on

ne retrouve l'équivalent que dans le sud de l'Allemagne, à Nuremberg. Les maisons sont construites
dans le goût hollandais : beaucoup sont ornées de
sculptures et de statuettes ; les rez-de-chaussée sont
assez souvent précédés de perrons sur rue à balus-
trades sculptées, avec des dessins à sujets pour la plupart pleins de grâce et d'originalité. Les rues sont
pavées comme du temps de Frédéric Barberousse ;
apprendre à y marcher constitue une étude, l'hiver,
à cause de la glace, l'été, à cause des petites montagnes et des petites vallées où le pied se perd. Dans
le temps que nous partions on travaillait à y construire de nouveaux égouts : les anciens étaient jolis
pourtant ; il en restera encore d'assez nombreux
vestiges pour contenter la curiosité des amateurs :
ils consistent en petits canaux formés de quatre
planches clouées ensemble et circulant de chaque
côté de la rue ; des trous sont percés de loin en loin
par où vont les habitants, le vase à la main, introduire ce qu'ils ont de trop chez eux ; l'eau du ciel,
quand il pleut, ou bien le vent, quand il vente,
poussent les débris tant bien que mal, et les en-
traînent à la rivière ; mais d'ordinaire ils séjournent
longtemps en route, et la rue en est continuellement infectée.

La ville renferme quelques monuments remarquables. L'église Sainte - Marie, par exemple,
du xive siècle, qui appartient aujourd'hui aux
protestants, sévère et rigide basilique dont la base
est masquée par de hauts pâtés de maisons ; avec sa

tour massive et ses nombreux clochetons, elle domine toute la ville : on l'aperçoit de tous les points de l'horizon. Les murs extérieurs, comme ceux de toutes les églises de Dantzig, sont absolument nus ; ils sont terminés par des créneaux ou par des arêtes dentelées, seule ornementation qui au dehors caractérise ces églises. A l'intérieur, les trois nefs, particularité remarquable, sont d'égale hauteur ; les piliers, dépourvus d'ornements, et cependant harmonieux, montent jusqu'aux voûtes avec une hardiesse singulière ; de longues fenêtres ogivales qui montent aussi haut que les piliers inondent l'intérieur de clarté : l'ensemble produit un effet saisissant ; on voit que tout l'édifice est l'œuvre d'une volonté forte. Une foule de vieilles peintures, de triptyques, etc., décorent la base des piliers et le pourtour des murs ; d'antiques bannières au nom français de Perceval sont suspendues aux voûtes et tombent en poussière ; le sol de l'église est pavé de tombeaux. Un beau buffet d'orgues ; de riches fonts baptismaux avec une urne entourée d'un octogone de cinquante-six colonnes, formant portique, le tout en laiton massif ; un Christ d'une réalité cadavérique saisissante, attirent l'attention du visiteur. Mais l'objet le plus remarquable est un curieux et célèbre tableau attribué à Memling, élève de Van Eyck : c'est un *Jugement dernier* d'une conception tout originale, très-réaliste. La scène se passe sur la terre, vraisemblablement au bord de la Baltique. L'archange saint Michel, costumé en chevalier du

Moyen-Age, occupe le centre du tableau : il pèse
dans une balance les bons et les méchants ; à sa
gauche, des diables enfourchent les damnés et les
jettent dans les rochers affreux et flamboyants de
l'enfer : peindre les cris, les hurlements et le grouil-
lement de cette foule de corps nus et grêles ne se
peut faire. A la droite de l'ange, les élus se tiennent,
graves et sereins ; ils montent l'escalier de cristal
qui mène aux portes du paradis richement figurées
en style gothique. De saints anges, honnêtes fourriers, les reçoivent et les habillent à mesure qu'ils
se présentent. Le sommet du tableau est couronné
par la figure de Jésus-Christ assis sur l'arc-en-ciel,
et accompagné des saints personnages qui ont joué
un rôle dans sa vie, tous se détachant sur le fond
d'or du ciel. La peinture est très-belle, mais le des-
sin n'a pas encore toute la perfection désirable. Ce
tableau fit, en 1807, sur l'ordre de Napoléon, le
voyage de Paris. En 1815, il revint prendre la place
qu'il occupe.

On remarque encore sur la place de Langenmarkt
(marché long) la Bourse, genre gothique, ancienne
salle des ambassadeurs, au temps où Dantzig était une
petite puissance. On peut contempler sur la façade,
dans des attitudes de férocité naïve, quatre intéressants guerriers, savoir : Scipion l'Africain, Camillus,
Thémistocle et Judas Macchabée. Cet héroïque qua-
tuor est illustré du voisinage d'Horatius Coclès et
de Mucius Scœvola incrustés dans la maison qui fait
suite. A l'intérieur de la Bourse, deuxième belle

peinture : encore un Jugement dernier, mais dans un style différent de celui de l'église Sainte-Marie. Cette fois l'archange saint Michel précipite du haut des nues la foule des vices : brillants costumes, chairs admirables, femmes splendides roulent avec ce beau désordre qui a toujours été un effet de l'art. Plus haut, la troupe des élus se développe dans le ciel, harmonieusement groupée. Par la richesse des couleurs et la vigueur de la carnation, ce tableau semble appartenir à l'école de Rubens ; l'auteur en est inconnu. L'intérieur de la salle est hérissé de têtes de cerfs : ce n'est que cornes et recornes. Est-ce une allusion aux maris de Dantzig ? Je parle de ceux d'il y a trois cents ans ! Citons encore sur la même place de Langenmarckt, l'Hôtel de Ville : il est surmonté d'un élégant beffroi qui ressemble à celui de Bruxelles, et renferme de belles salles. Les autres monuments remarquables sont l'Arsenal, le Palais de Justice, quelques autres églises, d'anciennes tours et quelques vestiges de murs, débris des vieilles fortifications du Moyen-Age. Presque toutes ces constructions sont en briques. Dans les fortifications modernes a été conservée une très-belle porte de ville de 1558, avec cette inscription latine qui, en Prusse, ressemble à une moquerie. « *Justitia et pietas duo sunt omnium regnorum fundamenta. — La justice et la piété sont les fondements des royaumes.* » Il est vrai qu'on lit à côté dans la même langue : « *Tout ce qui se fait dans l'intérêt de l'État est bien.* » Enfin, plus loin,

dans la ville, sur une sorte d'arc triomphal qui ne
manque pas d'élégance, on lit encore : *Concor-
diâ parvæ respublicæ crescunt, discordiâ magnæ
concidunt. — Les petits États grandissent par la
concorde, les grands tombent par la discorde.»* Avis
aux Français! Dantzig n'a pas de musée, mais elle
possède une riche bibliothèque de quatre-vingt
mille volumes, où l'on m'a montré les Œuvres de
Hévélius, astronome célèbre dans ces régions, pen-
sionné jadis par Louis XIV, et un manuscrit, tout
entier de la main de Luther. La ville possède aussi
un assez vilain théâtre : on y donne, entre autres
spectacles, des drames et des comédies françaises
traduites en allemand, des opéras dans lesquels la
musique française figure à peu près pour un quart ;
Auber, Boïeldieu, Halévy, Adam, Hérold sont
surtout mis à contribution. Quant à la tragédie,
néant : ni Gœthe, ni Shakespeare, ni même Schil-
ler ne seraient compris du public. Ne parlons pas de
Racine.

Si, après avoir passé l'hiver dans ces régions,
nous étions rentrés en France sans avoir vu l'été,
nul n'aurait pu nous ôter de l'idée que Dantzig est
situé au bout d'un désert, dans une contrée atroce.
Cela n'est vrai que pour six mois de l'année. Quand
le printemps donne sa verdure et l'été son soleil,
il est difficile de trouver un coin plus riant et
plus pittoresque. Par suite du voisinage du pôle,
le jour dure depuis deux heures du matin jusqu'à
dix heures et demie du soir. C'est une compen-

sation aux nuits interminables de l'hiver. On
en profite pour se promener. Du sommet des
chaînes de hauteurs qui s'étendent à l'ouest de
la ville on découvre d'admirables points de vue sur
la campagne, sur la ville elle-même avec ses monuments et ses toits rouges, sur la Baltique dont la
nappe azurée enveloppe, comme un croissant lu-
mineux, une moitié de l'horizon. De longues forêts
de sapins, entremêlés de bouleaux et de hêtres,
s'étendent sur les hauteurs, depuis Langenfuhr où
habitait Rapp, jusqu'au delà d'Oliva où l'on remarque un beau parc, et, dans l'église d'un ancien
couvent, des orgues célèbres. Le village de Zoppot,
au bord même de la mer, est le rendez-vous des
baigneurs de toute la Prusse orientale. Car on se
baigne dans la Baltique : je m'y suis trempé par un
froid très-vif pour en avoir la gloire ; j'étais tout
seul sur la côte ; c'était dans les premiers jours de
mai, le vent soufflait ! tandis que je laissais l'onde
maritime ruisseler en perles sur mes épaules, je
me figurais que peut-être, à la même heure, au
même moment, un ours blanc se baignait aussi
à l'autre extrémité, au fond du golfe de Bothnie !
Les villages de Neufarhwasser, de Weichselmünde,
l'un et l'autre à l'embouchure de la Vistule, celui
de Heubude, en face d'un joli étang au milieu des
bois, tous avec des maisons aux clôtures chargées
de lilas et formées de haies vives, sont autant
de buts de promenade très-fréquentés de la population de Dantzig dans la belle saison.

Je ne terminerai pas ces notices sur la ville de
Dantzig sans parler des pompes. Il n'y a là rien de
risible, hélas ! à l'époque où nous sommes ! Quand
on songe que depuis un temps immémorial il n'y a
pas eu d'incendie à Dantzig, et que, cependant,
toute la ville pourrait griller en un clin d'œil à
cause du rapprochement et de la vétusté des constructions, la chose mérite d'être examinée. Le service des pompes en vue des incendies est tout sim-
plement admirablement organisé ; il est du reste
établi sur le même pied qu'à Paris. Les pompiers
forment un corps à part habitant une caserne spéciale : jour et nuit, trois voitures sont toujours
prêtes avec leur attelage complet ; l'une porte la
pompe, la seconde une immense tonne pleine d'eau,
la troisième dix à douze pompiers toujours prépa-
rés à y monter. Lorsqu'une lueur d'incendie se dé-
clare quelque part, les fils télégraphiques, qui relient
tous les quartiers de la ville à la station centrale,
donnent l'éveil : les trois voitures s'ébranlent, arrivent sur le lieu du sinistre ; en cinq minutes le
feu est éteint ; les voitures reviennent aussitôt
prendre leur poste dans l'attente d'un nouvel appel.
Si Rennes, si Bourges, si Nancy s'étaient donné
un pareil système d'organisation, ces villes n'auraient pas eu à déplorer les désastres dont elles ont
été victimes. Mais, bast ! que ferions-nous après la
guerre, si nous n'avions pas un peu d'incendies pour
nous distraire ? Nous serions tous malades, et de
désespoir, nous irions nous jeter les uns dans la

Méditerranée, les autres dans l'Océan, les autres dans la Manche : quel soulagement pour les Prussiens! Chez nos ennemis la prévoyance est poussée si loin que, dans leurs casernes et même dans nos baraques, dans chacune! il y avait une pompe, toujours pleine, à la disposition des soldats, avec deux grands tonneaux également pleins d'eau, pour prévenir les commencements d'incendie.

En dehors de nos officiers qui circulaient librement, presque toujours vêtus d'habits bourgeois, plusieurs de mes compagnons de captivité, ainsi que je l'ai déjà dit, surtout les sergents-majors et quelques autres sous-officiers, avaient leur liberté dans la ville. Des rapports incessants s'établissaient entre les habitants et nous. Ils nous montraient de la sympathie et s'attachaient à nous faire oublier leur victoire. Leur joie de tenir au milieu d'eux des gens qui avaient vaincu tant de nations et eux-mêmes à d'autres époques éclatait librement, et n'empêchait pas leur estime de paraître. Ils avaient généralement, au contraire, une attitùde exempte de toute insolence et de toute forfanterie : leurs poignées de main, quand ils avaient occasion de nous les donner, étaient franches et expressives. Les femmes surtout nous voyaient avec un petit air d'intérêt et de plaisir qui ne laissait pas que de nous être agréable. Elles étaient si jolies, et, en passant près de nous, disaient d'une voix si mignonne : « Oh! Françôse ! » Il eût fallu avoir le cœur enveloppé d'un triple airain pour ne pas être sensibles.

En dépit de ce bon accueil, nous étions cependant quelquefois insultés : il y a des chenapans dans tous les pays ; chez nous, sans doute, un peu moins qu'ailleurs, mais ne serait-ce point peut-être parce que nous en faisons tous les quinze ou vingt ans un petit massacre ? Les chenapans allemands vivent et prospèrent ; ils ont causé de grands désastres dans nos malheureuses provinces, et, en Allemagne, nous avons eu à en souffrir. Chacun se faisait respecter comme il l'entendait. J'ai eu la hardiesse une fois d'en corriger un dans sa propre ville, et de lui prouver qu'on est toujours Français, même dans les hasards. C'était une espèce de vaurien qui m'avait, en marchant près de moi dans la rue, frappé assez brutalement deux fois de suite, sans autre motif que le désir de m'insulter en me disant d'un air impérieux : « Françôse ! » Je portais mon uniforme, et je trouvais l'action exagérée : je le saisis par la poitrine sans tenir compte de la présence du public, et je le jetai contre le mur, puis le ramenant à moi, je le fis passer avec la même vigueur de l'autre côté de la rue, qui était étroite, et encore une troisième fois, d'un mur à l'autre, après quoi je l'abandonnai à lui-même et poursuivis mon chemin. « Françôse ! » disaient les femmes avec un point d'exclamation prononcé. Mais un des Allemands qui se trouvaient là, vint à moi au moment où je m'éloignais, et me donnant une vigoureuse poignée de main : « Vous avez bien fait ! » me dit-il dans sa langue ; « celui-là était un méchant homme ! » Souvent des enfants, et même des hommes en apparence raisonnables, nous plaisantaient sur la prise de Paris : « *Parisse capoutte !* » nous disaient-ils, ce qui je crois peut se traduire ainsi : « Paris capot ! » Quand ils devenaient gênants, nous leur disions d'aller voir l'arsenal où trente-trois de nos boulets sont demeurés incrustés dans la façade depuis 1807 : cela ne leur faisait point plaisir et ils se taisaient. Nos grands-pères avaient laissé de bons souvenirs dans la ville : on sait que les Russes y combattaient comme alliés des Prussiens. Les habitants, après la capitulation, se sentirent attirés vers les Français leurs ennemis, beaucoup plus que vers les Russes leurs amis, ceux-ci s'enivrant du matin au soir et s'aliénant les esprits par les manifestations incessantes d'un caractère peu sociable. Les ravissantes femmes d'alors ne se montrèrent point non plus barbares envers leurs vainqueurs, ce qui les fit prendre en aversion par les laides et les prudes du temps sous prétexte de nationalité blessée. Mais en dépit des jaloux des deux sexes et de tous les pays, chaque fois qu'une grande catastrophe éclatera dans l'humanité, les cœurs généreux échappés au désastre se chercheront, et seront heureux d'oublier ensemble les maux causés par la maladresse et la méchanceté de ceux qui les gouvernent.

Les leçons que je donnais étaient pour moi une source d'agréables distractions. Mes élèves ne connaissaient guère de notre littérature que les

Adieux de Marie Stuart à la France, de Béranger,
et les *Exilés de Sibérie*, de Mme Cottin. Les adieux
de Marie Stuart surtout étaient dans toutes les
mémoires. Quand on entrait dans un café ou dans
un restaurant, il n'était pas rare d'entendre la
jeune fille de l'établissement venir vous fredonner à
l'oreille d'une voix douce :

> Atié gearmant bays te Vrance,
> Que che tois dant gérir;
> Perzeau te mon heureuse envance,
> Atié de guitter z'est mourir.

J'avais parmi mes élèves quelques jeunes filles
qui avaient déjà l'âge de femmes et qui prenaient
leur leçon en commun : elles lisaient couramment
notre langue. Lorsqu'elles furent en état de la
parler et de l'entendre, j'eus la curiosité de leur
faire la lecture d'*Athalie* qu'elles ne connaissaient
pas : elles furent tout étonnées de trouver cela
beau. Je les voyais rougir et pâlir tour à tour à
mesure que les scènes se développaient ; elles finissaient par avoir au bord de leurs paupières des
larmes qu'elles s'efforçaient de retenir. J'essayai
aussi sur elles le célèbre morceau de Bossuet, tiré
de l'oraison funèbre de Henriette d'Angleterre. Je
ne leur dis pas que ce morceau était renommé chez
nous, et après quelques phrases préparatoires pour
les initier à la situation, je leur en fis lecture. Le
coup de foudre produisit son effet : au fameux

Madame se meurt, elles poussèrent une exclamation ! Ces quelques leçons étaient peu payées, du prix le plus élevé qui eût cours dans la ville, 1 franc 75 centimes ! Cela fera rire ceux qui donnent des leçons en France. Mais, pour Dantzig, c'était beaucoup !

Il est peu d'Allemands, ayant passé trois années à l'école, qui ne soient capables de s'exprimer tant bien que mal en français. Il nous est arrivé souvent d'entrer dans des magasins pour des emplettes ; nous faisions des efforts surhumains de langue et de gosier pour nous expliquer en nous servant de l'allemand que nous ne savions point : « Qu'est-ce que vous voulez ? » nous demandait-on correctement. Les gamins eux-mêmes ne restaient pas en arrière : ils étaient très-friands de nos boutons d'uniforme. Chaque Français qui marchait dans la rue en traînait presque toujours une bande derrière soi : « Ung boutong, ung boutong ! » disaient-ils d'un ton suppliant, ils allaient jusqu'à nous présenter leurs couteaux pour nous engager à les couper afin de les leur donner. Quand nous leur refusions cette satisfaction, ils nous poursuivaient de tout ce que la langue française a de plus riche en expressions choisies, aussi bien que l'aurait pu faire un gamin de Belleville ou de la Villette.

Nous mangions la plupart du temps à un restaurant où l'on nous préparait d'assez bonne cuisine française, et où j'avais la satisfaction de me rencontrer avec des sous-officiers de l'ancienne armée.

J'acquérais la preuve, en cultivant leur connaissance, qu'en dépit de nos revers il y a toujours de
grandes espérances à fonder sur l'armée, que beaucoup n'y tiennent pas la place qu'ils devraient y
tenir, et qu'on peut très-bien être à la fois hon-
nête homme et sergent-major. J'aurais également
souhaité de me mettre en rapport avec quelques-
uns de nos officiers, mais la grande distance de
leur grade au mien apportait empêchement à
mes désirs. Ils étaient à peu près quatre cents à
Dantzig : les uns, au nombre de quatre ! s'occupaient à des études sérieuses à la bibliothèque de la
ville, assez bien montée en livres français, d'autres
apprenaient l'allemand, d'autres encore, en grande
quantité, lisaient dans les cabinets de lecture le
Voile de la Mariée, l'*Anneau d'or* et le *Petit Fri-
quet.* On tuait le reste du temps à voir l'*Indépen-
dance belge* ou à jouer au billard. La nature de
mes relations m'abouchait, d'autre part, avec des
officiers prussiens. Ils me faisaient sans morgue,
avec une certaine déférence au contraire, le même
sympathique accueil que nous rencontrions chez
les habitants. L'un d'eux m'avait prié de lui donner
des leçons de conversation. Dire le nombre de
bouteilles de Kœnigsberg qu'il m'a fallu boire, de
repas qu'il a fallu prendre serait difficile. Je voulais
quelquefois leur rendre les politesses qu'en ma
personne ils adressaient à un Français, à un
captif : jamais ils n'ont voulu le supporter. « Quand
les esprits seront apaisés, disaient-ils, et que nous

pourrons aller à Paris, vous nous rendrez la pareille ; ici, vous êtes notre hôte, mon cher ! — Mais... — En Allemagne, cela n'est pas l'usage. — Cependant... — Buvez ! » Il fallait boire. Alors ils se mettaient à réciter du grec ; ils se levaient cinq ou six et marchaient à grands pas en déclamant l'*Odyssée*. J'étais en état de faire ma partie dans leur chœur, mais la tristesse continuelle où j'étais plongé me coupait l'enthousiasme. Quand les hommes les plus vifs et les plus intelligents de la nation auront tous pris chez nous l'habitude de traverser l'armée, nos officiers vaudront assurément ceux-là, et sous le rapport de la science militaire et sous celui des connaissances générales, et peut-être bien plus tôt qu'on ne pense.

Souvent, dans nos rapports avec les habitants, la question politique venait sur le tapis. Nous tenions tous à peu près le même langage. Je me trouvais particulièrement entraîné à des conversations non-seulement avec des personnes de ma connaissance, mais même avec des indifférents que le hasard me donnait pour voisins, au café, dans les lieux publics. Je ne perdais jamais cette occasion de développer à des Allemands la politique française ; par leurs questions ils venaient eux-mêmes au-devant. Je portais nos idées à leur connaissance sans abaisser notre dignité et nos droits nationaux, et en même temps sans blesser leur amour-propre. Ils étaient persuadés que la France n'avait eu pour but que de briser l'unité, en voie de formation, de leur pays.

Je m'attachais à leur prouver qu'il n'en était rien.
«Alors pourquoi nous avez-vous fait la guerre?—C'est
un malentendu dans lequel les deux gouvernements
de France et d'Allemagne ont été aussi coupables l'un
que l'autre; si les deux peuples avaient été à même
de s'expliquer librement sur leurs intérêts, ils auraient su peut-être s'arranger entre eux, et la guerre
n'aurait pas éclaté. Pour comble de maux, votre
gouvernement s'est rendu plus coupable encore en
nous imposant une paix dont la conséquence sera
entre les deux nations une nouvelle guerre bien
autrement terrible que la première. — Nous vous
vaincrons une seconde fois, et nous ferons la France
plus petite. — Prenez garde de vous tromper. Il vous
a fallu sept mois pour vaincre la France qu'on a
jetée dans la guerre sans qu'elle s'y attendît, qui
n'avait d'abord qu'une armée inférieure en nombre,
ensuite que des bandes de conscrits à vous opposer:
calculez ce qu'il vous faudra de temps pour vaincre
la même nation toute préparée, ayant deux millions
d'hommes armés et disciplinés à mettre devant vous;
calculez seulement si vous viendrez à bout de la
vaincre! » Ensuite je leur exposais les seules conditions auxquelles, selon l'immense majorité des
Français, une paix sincère est possible entre la
France et l'Allemagne, telle qu'elle existe déjà entre
l'Espagne, l'Italie, la Suisse, la Belgique, et nous.
Ces conditions, si connues en France, trouveront
néanmoins encore leur développement à mesure
que nous avancerons dans ce récit. Le silence

que plusieurs finissaient par m'accorder me paraissait un acquiescement tacite à mes raisons, mais j'y
sentais souvent aussi ce je ne sais quoi qu'on appelle l'amour-propre national qui les empêchera
d'accéder ; j'acquérais donc la conviction pénible que
nous aurons à livrer de nouveau, pour arranger les
affaires, une guerre désastreuse à l'humanité, mais
où, je crois, la France n'aura pas le dessous.

D'autres me disaient : « Avouez cependant que
Bismark est un grand homme ? » Je les regardais
tout étonné. Je répondais : « Je m'aperçois avec
plaisir que nous vous sommes encore supérieurs
en civilisation. Chez nous, on a une autre idée
des grands hommes. Washington est un grand
homme ; Gœthe, Leibnitz sont des grands hommes ;
ceux qui ont combattu avec génie pour la liberté
de leur pays, Miltiade, Thémistocle, Spartacus
même, sont des grands hommes ; mais l'homme
dont vous parlez ! — Eh bien ! n'a-t-il pas fait
la liberté et l'unité de son pays ? — Ne voyez-
vous pas qu'il a du sang allemand sur les doigts,
en attendant celui qu'il s'y mettra encore ? Qu'il a
commis un crime pour fonder cette liberté qui un
jour ne vous en paraîtra plus une ? Quant à votre
unité, êtes-vous assez simples pour vous figurer
qu'elle est faite ? Ce prétendu grand homme, après
avoir cousu entre eux des morceaux d'Allemagne
par le moyen d'une guerre civile qu'il a provoquée,
après s'être mis aux talons les Allemands de Vienne,
la tête le Danemark quoiqu'il ne soit pas gros, a

eu encore l'idée de s'ajouter la France dans le
flanc, la France qu'il croit avoir abattue ; il ne
s'aperçoit pas qu'il n'a fait que la débarrasser de
l'empire. Quand la République française, encore
enlacée dans quelques liens de politique intérieure,
se sera dégagée tout à fait, son premier regard se
portera sur l'Allemagne, où vit cet homme dont il
s'agit ; elle le mesurera de l'œil, prendra son élan,
arrivera jusqu'à lui et, le saisissant par la gorge,
elle le couchera dans la poussière. Alors, ayant repris
ce qui lui appartient et dégagé son fleuve, elle dira :
« Que Vienne, Francfort et Berlin vivent maintenant dans une même république ou sous une même
monarchie, la chose m'est indifférente ; assise sur
mon territoire, garantie sur le Rhin, je suis tranquille. » Ainsi, voyez-vous, ajoutais-je en riant,
c'est nous qui ferons votre unité ! Seulement, je
plains les malheureux qui viendront se ranger entre
votre grand homme et nous. »

Le mouvement des camps, les quelques dangers
que j'avais courus, les péripéties de la captivité ne
m'avaient point fait oublier ces douces habitudes
qu'on prend sur les boulevards, en temps normal,
de cinq à six heures avant le dîner, et le soir de
neuf à minuit : au milieu d'une ville, je les avais
vite retrouvées. Je flânais donc, quand je n'avais
rien de mieux à faire, dans Langengasse et dans Langenmarkt, m'arrêtant presque chaque fois devant
les perrons sculptés, les magasins de libraires, de
gravures, d'images, de photographies, etc. Là, on

voyait des dessins, des livres et des figures sur la
guerre, qui nous faisaient dire : « patience ! » des
portraits du roi Guillaume très-drôlement habillé,
comme l'était notre empereur chez nous les jours de
cérémonie, mieux même; les Allemands en avaient
de la confusion ! des têtes des héros de la guerre de
France, couronnés de lauriers, Werder, Manteuffel,
le Prince royal, Frédéric-Charles. Les nôtres avaient
perdu les leurs devant cette invasion : ils ont crié
par-dessus les toits, ils ont agi avec cette agitation
fiévreuse qui ne pousse qu'à jeter le trouble et la
désorganisation dans les rangs inférieurs; mais, d'é-
nergie froide, calme, raisonnée, impitoyable au dedans comme au dehors, telle que celle de Louis XIV
avant Denain, oui, de Louis XIV lui-même, de
la Convention en 93, nulle ! Nous n'avons eu
en outre ni Villars, ni Hoche, ni Moreau. La France
serait-elle donc finie ? Oh ! que non point ! Tout à
l'heure, je parlais de Villars ; il faut être juste et reconnaître que la défaite de Reichshoffen est pour le
moins aussi honorable que celle de Malplaquet.

Je voyais sans cesse aux vitrines, sur des espèces
de chansons à musique, une image dont la composition m'intriguait. Cette image représentait une
jeune femme aux cheveux blonds, tenant un bou-
clier dans sa main gauche, une épée dans sa main
droite, campée parmi des rochers affreux au-dessus
d'un fleuve, et fixant la rive opposée d'un œil qui
porte la menace. Je n'étais pas curieux, mais j'aurais bien voulu savoir pourquoi cette femme blonde

avait un air si noir, et surtout ce que cela signifiait. Un jour que j'étais en visite chez des personnes qui n'étaient pas encore rentrées, je la retrouvai sur une table; familier dans la maison, je pouvais attendre et j'en avais pour trois quarts d'heure; je profitai de l'occasion pour causer avec elle. « Que faites-vous là, mademoiselle ? » lui dis-je d'une voix douce, après m'être assis. Elle se retourna d'un air farouche, croyant que c'était un Prussien qui lui parlait, mais quand elle vit que c'était un Français, son visage se dérida et sourit agréablement. « Vous le voyez bien, dit-elle en faisant une petite moue, je garde le Rhin. — Contre qui, Seigneur ? — Mais... contre les Français, apparemment (ici elle se rengorgea). — Contre les Français! Bonté divine ! Mais tant que vous resterez sur ce côté-là, vous n'aurez rien à craindre d'eux. Ce sont vos fils qui passent toujours sur l'autre rive; que vont-ils y faire ? — C'est pour mieux me défendre! — Ah! malheureuse, si vous restiez chez vous, vous n'auriez pas à vous défendre, personne n'irait vous chercher, nous vivrions en paix. — Les Vrançais sont tuchurs venus me gercher : Louisse XIV, Napôléon! — Louisse XIV, Napôléon ont été blâmés, même en France, et il leur en a coûté, pour avoir abusé de leur puissance, à l'un vingt années de désastres, à l'autre sa réputation de génie politique et la ruine de la nation qui s'était donnée à lui deux fois, en sa personne d'abord, puis en celle de son gredin de neveu. » Elle ne savait trop que dire, elle

me jeta un regard très-doux, légèrement ému ; je pris
sa belle main : « Tenez, lui dis-je, ma pauvre enfant,
nous étions cependant faits pour nous aimer, je ne
dis pas pour nous marier, mais pour nous aimer,
ce qui est bien plus joli. Vous seriez restée libre, et
nous aussi, vous d'un côté du Rhin, nous de l'autre.
Vous savez parfaitement que nous ne vous haïssions
pas ; vos fils venaient en foule chez nous, ils s'y en-
richissaient pacifiquement, ils y étaient bien vus.
Si vous aviez réellement de nous une peur si terrible, il eût été facile de neutraliser la bande de
terre qui s'étend entre les frontières de Vauban et le
Rhin. Toute la Germanie alors pouvait s'unir au
delà, de telle façon qu'il lui aurait plu, sans nous
porter ombrage. Une ère féconde de paix commen-
çait pour l'Europe. Votre unité, appuyée du con-
cours moral de la France, se serait faite presque
sans effusion de sang. Au lieu de cela, trois cent
mille êtres humains, au minimum, ont péri pour
vous satisfaire, et sur ce nombre ce n'est pas trop
d'en compter deux cent mille à vous ! Il est vrai
que l'un des vôtres en a toute la gloire : c'est une
gloire que nous lui laissons et à laquelle nous serons malheureusement contraints d'ajouter ! » Je
vis que mes paroles la faisaient souffrir, et qu'elle
déplorait autant que moi ce qui s'était passé, lorsqu'une visite s'annonça : c'était Bismark. Elle me
fit signe de ne pas rester ; je saluai froidement, et je
sortis.

« Napoléon va bientôt remonter sur le trône,

8.

nous disaient une foule de gens avec un accent
très-convaincu, et la tranquillité se rétablira enfin
dans votre pays. — Napoléon ? Oh ! non ! S'il ren-
trait en France, il courrait le risque de s'y faire fusiller. — Oui, mais les soldats l'aiment bien dans
les baraques ! — Les soldats ? il n'y en a pas un, s'il se
présente, qui ne soit disposé à tirer dessus. — Ah !
ah ! En ce cas, probablement les d'Orléans... — Les
d'Orléans ? Pas le moins du monde. A propos de
qui ? à propos de quoi ? — Mais alors, qui pensez-
vous donc que...? — La République. — La République ? — Sans doute. — Elle ne pourra pas tenir !
— Vous vous trompez. » Leurs visages devenaient
sombres. « Ils veulent tous la République ! » disaient-ils aux autres en allemand. « *Mein Gott !* »
répondaient ceux-ci. La République, en effet, c'est le
moyen de ressaisir tout ce que nous avons perdu ;
c'est l'immensité ouverte devant nous. Quelques
cicatrices que porte aux flancs notre généreux na-
vire, il s'est détaché encore une fois de la flotte des
nations, et, bondissant sur sa quille, le voilà qui
pousse de l'avant : rien devant nous, si ce n'est
l'horizon et les mers inconnues ; tous derrière, à
côté et près de nous, qui ne savent où nous allons et
qui vont marcher comme nous quand notre vaisseau,
aussitôt les trous rebouchés et les voiles raccommo-
dées, aura repris sa marche et trouvé un chemin sûr.
C'est à nous donc d'agir avec sûreté, avec énergie,
avec prudence. Mettons-y, tous, nos moyens, notre
volonté, et nous marcherons.

« Nos généraux ont commis une grande faute,
me dit un jour un monsieur de ma connaissance.
— Où donc? — Dans les environs d'Orléans. —
Tiens! c'est par là que j'ai été pris. — A quel endroit? — Auprès de la forêt de Marchenoir. — Ah! à
quelle date? — Vers le 9 ou le 10 décembre. — Justement. Vous combattiez contre le corps du duc de
Mecklembourg, n'est-ce pas? — Ma foi, je n'en sais
rien; je m'en informerai quand je serai rentré en
France. — Cela ne peut être autrement. Il n'y avait
que lui dans ces parages. J'ai un frère qui est officier dans son armée. Nos troupes perdaient beaucoup de monde : chaque compagnie avait déjà diminué d'un tiers. On les a laissés quatre ou cinq jours
sans appui. — J'en étais sûr! m'écriai-je en me frap-
pant le front. Comment diable nos généraux?... —
On est parvenu à les tromper en étendant les lignes .. »
— « Pourquoi donc ne nous avez-vous pas poursuivis après Coulmiers? disait un autre, un officier
de cavalerie qui avait assisté à cette bataille. Nous
avons dû nous retirer à douze lieues de nos pre-
mières positions, et nous avions l'ordre de reculer
encore d'autant à la première approche de vos troupes. Mais, au lieu de nous suivre, vous vous êtes
amusés pendant un mois à construire des fortifications en terre, et quand l'armée de Metz est venue
nous rejoindre et que nous avons repris notre marche en avant, vous les avez abandonnées sans les
défendre. »

L'épisode de la Commune consterna la population presque autant que nous : ils voyaient déjà la France se morceler, nos provinces s'isoler les unes des autres, et les milliards de l'indemnité s'envoler dans le cataclysme général. Quelles complications ! et leurs troupes condamnées à une occupation indéfinie et sans issue lucrative dans un pays toujours bouleversé. La France, en périssant, entraînait son ennemie dans sa ruine. Il vaut mieux cependant que la France n'ait point péri, et que son ennemie vive encore : le moment viendra toujours de faire entendre raison à celle-ci. Et d'ailleurs, en présence de la tournure violente que prenait le mouvement communal, il n'y avait pas à hésiter : il devenait un devoir pour le peuple de réprimer l'entreprise de la populace. L'insuccès de la Commune causa donc, dans un sens, presque autant de satisfaction à la généralité des Prussiens qu'aux Français mêmes, quoique du moment qu'elle avait échoué, ils ne fussent pas fâchés qu'elle eût eu lieu, à cause du surcroît d'embarras où cela nous plongeait. Mais après d'aussi désastreux événements, le succès de l'emprunt les frappa d'une non moins grande consternation. Tous ceux que je connaissais me disaient : « Hélas ! l'emprunt ne réussira pas, et la pauvre France en aura au moins pour soixante ans avant d'être rétablie ! » — « Gardez votre pitié pour l'Allemagne, répondais-je à quelques-uns, elle en aura un jour besoin. La Commune n'aura servi qu'à mettre au cœur de tous les Français une rage de plus qui se tournera contre vous. » Et, en effet, quand ils virent le succès colossal de l'emprunt se produire après une telle guerre natio nale et une telle guerre civile, ils pensèrent être tombés déjà de Charybde en Scylla. Nous leur en ferons voir bien d'autres.

J'ai entraîné le lecteur à une bien longue promenade à travers la ville, il est temps que je le ramène enfin au milieu de nos malheureux compagnons de captivité. Relativement au nombre considérable des prisonniers, ceux d'entre nous qui jouissaient d'un peu de liberté ne formaient qu'une minorité infime. Nous étions à Dantzig environ dix mille hommes, la population d'une ville ordinaire de nos départements. Une centaine à peine avaient obtenu la permission de circuler dans la ville. Les uns logeaient dans des casernes ; les autres dans les baraques en bois et en briques dont j'ai déjà parlé, aux forteresses de Bischoffsberg et de Hagelsberg : je demeurais avec sept cents des nôtres au pied de cette dernière, entre des cimetières, du côté qui regarde la ville. C'était par cette forteresse que les Français avaient attaqué Dantzig en 1807 et l'avaient réduit à capituler. Je renvoie pour les détails de ce siége au beau récit de M. Thiers, dans son *Histoire du Consulat et de l'Empire*. L'immense majorité de nos compagnons d'infortune est restée encagée sept mois, neuf mois, dix mois ! dans ces baraques, sans pouvoir mettre le pied une seule fois librement dans la ville ! J'essaierai de donner une idée des souffrances matérielles et surtout morales qu'ils ont ressenties.

Les souffrances matérielles avaient pour causes :
la mauvaise nourriture (la faute en est imputable en
partie à nos propres cuisiniers); les mauvais traitements de la part de méchants subalternes prussiens,
quelquefois d'officiers; la nécessité de coucher sur
des paillasses pleines de vermine (nous autres qui
sortions, nous nous étions procuré un linge pour la
nuit, un linge pour le jour, afin d'être au moins dans
la ville d'une propreté irréprochable); l'obligation
d'aller travailler en plein air par des froids violents,
sans chaussures et sans vêtements suffisants, ce qui
dut influer d'une manière funeste sur la santé de
plusieurs; enfin, pour les malades, la négligence
dans les traitements médicaux au petit hôpital, par
suite de l'encombrement du grand (dans ce dernier
les malades étaient aussi bien soignés que possible).
Ces souffrances furent un peu adoucies par la prévoyance de nos amis de France et de Belgique,
d'Italie, de Vienne, de Pologne; les départements du
Rhône, du Finistère, même de la Seine, envoyaient
des secours en argent aux soldats nés dans leurs
limites; il nous arrivait de temps en temps des
autres pays des vêtements et des objets de laine.
La plupart des prisonniers qui ont séjourné à
Dantzig n'oublieront pas le nom de Mme Roëhr;
cette jeune dame, polonaise, s'était faite l'intermé-
diaire des comités de Varsovie; elle se dévoua tout
l'hiver, au risque de ruiner sa santé qui en de-
meura ébranlée, à la tâche de recevoir elle-même,
dans ses antichambres, par les froids les plus vio-

lents, les Français qui se présentaient en troupes
de dix, douze, accompagnés ou non de baïonnettes,
et de leur fournir, de ses propres mains, les objets
dont ils avaient le plus besoin. Mlle A. Broyer,
de Nancy, dont j'ai parlé au commencement de ce
chapitre, m'avait aussi envoyé sa généreuse of-
frande : je la distribuai sans bruit à quelques
vieux soldats de Sedan et de Metz.

Les souffrances morales étaient plus douloureuses
peut-être que les souffrances matérielles. Nos soldats ne pouvaient digérer l'humiliation d'être par-
qués et commandés par ces soldats étrangers qu'ils
auraient dû vaincre s'ils avaient été bien conduits.
Le bruit des pétards, la lumière des illuminations,
les drapeaux flottant sur les maisons, les rentrées
de leurs troupes chargées de couronnes, toutes ces
choses dont le tumulte arrivait jusqu'aux baraques,
n'étaient pas faites pour diminuer en eux le chagrin
d'avoir été vaincus. Nous, dans la ville, nous passions à travers tout ce branle-bas, même en uniforme, tranquilles et sans émotion apparente. « Ces
choses nous affligent pour vous! » nous disaient
les personnes de connaissance avec une délicatesse
sincère. « Pourquoi donc? répondions-nous, n'en
avons-nous pas vu autant à Paris? Aujourd'hui
l'un, demain l'autre; ainsi va le monde. Allez,
allez, ne vous gênez pas, nous prenons la chose avec
philosophie. » Au fond nous étions ennuyés, car il
n'était pas difficile de prévoir que cette population
si joyeuse aurait son tour, et que ces plis flottants

de leurs drapeaux pourraient bien devenir un jour les plis de leur linceul ! Un inconvénient d'autre sorte, très-dur à supporter, était pour beaucoup de prisonniers l'interruption de toute relation avec leurs familles : bien des lettres n'arrivaient pas. Je suis resté quatre mois sans qu'une seule lettre de la mienne, bien qu'elle habitât la province, me soit parvenue, et sans qu'une seule de mes lettres lui soit arrivée. Enfin, parmi les lettres qui nous parvenaient, le plus grand nombre, sous prétexte de retards dans la circulation, étaient chargées d'une taxe de 3o centimes. Une masse de soldats ne possédaient pas les moyens de la payer : ils avaient donc la douleur de tenir à leur portée, et pour ainsi dire sous leur main, des nouvelles de leurs amis, de leurs parents, et de ne pouvoir en prendre connaissance, faute de quelques centimes.

Il faut le dire maintenant aussi, dans leurs rapports avec nos malheureux soldats, tous les Prussiens n'étaient pas gens à pendre. Les prisonniers trouvaient souvent parmi leurs gardiens de braves garçons qui prenaient souci de leur infortune et qui se conduisaient vis-à-vis d'eux en véritables camarades. Lorsqu'à force de s'ingénier, maint couple fripon était parvenu, en trompant toute surveillance, à se glisser dans la ville, des soldats hors de service ou des habitants secondaient leurs efforts, pour les dissimuler aux regards des patrouilles, et buvaient volontiers avec eux en payant la plupart du temps la consommation. Mais, hélas ! à leur rentrée dans les baraques, car il fallait bien y revenir, les deux ou trois jours de liberté et de plaisir qu'ils avaient pris se soldaient par plusieurs jours de prison à la forteresse ! Quelquefois un bon factionnaire tournait le dos quand ils rentraient et les laissait ainsi échapper à la peine ; si seulement il y avait toujours eu de bons factionnaires ! mais certains étaient enchantés bien plutôt de trouver un Français en faute pour le faire punir ! Il était défendu ensuite sous les peines les plus sévères d'introduire du *schnaps* (eau-de-vie commune) dans les baraques ; cependant s'ennuyer toute la journée et ne pas boire n'était guère du goût de nos troupiers. On *tirait des plans* pour avoir de l'eau-de-vie : lorsque les hommes allaient au travail ou à l'eau, l'un d'eux s'esquivait chez le marchand, et cachait ensuite la bouteille sous ses vêtements. Parfois les hommes du poste au passage faisaient semblant de fouiller ; d'autres au contraire se conduisaient en gredins, prenaient la bouteille et s'en régalaient avec leurs camarades. Dans ce cas les premiers poussaient l'obligeance jusqu'à sortir eux-mêmes pour aller, à la place de nos soldats, remplir les bouteilles, et les leur rapportaient fidèlement, à leurs risques et périls, les malheureux ! car ils violaient ouvertement la consigne, qui chez eux, comme on le sait, ne plaisante pas. Un matin, il y avait de mauvais gueux à la porte, une, deux, trois bouteilles furent enlevées en moins d'une demi-heure. Un grand diable de turco, furieux, réso-

lut de leur jouer un de ses tours. Il se mêle à une
corvée d'eau, sort muni d'une bouteille brune,
et la remplit d'un liquide... de sa façon. Après cela
il rentre : aussitôt le voilà fouillé et dévalisé.
« Camarades ! » disait-il. — « Nix ! nix ! Forwertz ! »
Au bout de quelques minutes on pouvait voir
trois ou quatre Prussiens sortir du poste et se
tenir contre le mur avec des mines de chiens qui
ont mâché du raisin vert. On se gardait bien de
jouer de ces vilains tours aux bons enfants : au
contraire on les régalait de riz et de pommes de
terre, à midi, et d'une bonne portion du schnaps
qu'ils allaient chercher eux-mêmes. Quelquefois
il y avait en ville de petites corvées à remplir; alors
deux ou trois hommes sortaient avec un factionnaire : le factionnaire, enveloppé de son trio sé-
ducteur, n'était pas en état d'opposer une longue
résistance, et après une capitulation honorable il
se laissait fraternellement emmener au cabaret où
l'on buvait plusieurs bouteilles en attendant que
la corvée se fît.

Nos soldats, péniblement impressionnés dans les
premiers jours, et silencieux en présence de leurs
geôliers, s'étaient bien vite accoutumés à eux. Tout
le prestige que leurs ennemis victorieux leur inspi-
raient au commencement, était tombé au bout de
quinze jours; ils riaient de les voir et imitaient
comiquement leur attitude et leur langage. Quand
les factionnaires venaient les chercher pour les
conduire au travail, c'était à qui se dissimulerait

pour ne pas s'y rendre : le caporal prussien se déme-
nait dans la baraque, criant et jurant; nos soldats
criaient et juraient plus fort que lui. Enfin le caporal parvenait à réunir son monde; mais il en restait encore un ou deux qui s'étaient cachés sous le
lit de camp; il fallait aller les tirer par les jambes,
pendant ce temps-là le reste se débandait, et tout
était à recommencer. Les Prussiens étaient devenus
pour nous de vieilles connaissances. Ce qui suit
est douloureux à dire, mais nous ne ferons que
rendre à l'Allemagne la monnaie de sa pièce :
quand la guerre éclatera une seconde fois, trois
cent mille au moins des Français qui ont été en Allemagne se retrouveront en face d'hommes avec lesquels ils se sont familiarisés, chez qui ils ont vécu,
et qui n'auront plus sur eux une ombre de cette su-
périorité morale acquise par de longues victoires.
Ces Français, rentrés depuis longtemps dans leur
pays, n'ont cessé de faire, dans le cercle de leurs
amis et de leurs connaissances, des récits analogues
à celui que je présente au public; il n'est donc
pas hasardé de dire qu'aujourd'hui la France connaît la Prusse à fond, tandis que la Prusse, elle,
ne connaît plus la France; car chaque jour qui
s'écoule développe et perfectionne notre renou-
vellement; la Prusse au contraire n'a plus que
des perfectionnements de détails à opérer chez elle;
elle ne peut devenir ni plus forte, ni mieux
organisée qu'elle ne l'est en ce moment : la France
a encore à monter et à se rendre, en cultivant toutes

ses ressources, au moins trois fois plus puissante qu'elle ne l'était lorsque la guerre a éclaté en 1870. C'est à nous d'y travailler.

Ah! qu'on s'ennuyait pourtant dans ces affreuses et sempiternelles baraques ! que de bâillements du matin au soir, que de bras qui s'allongeaient sur les paillasses, tantôt sur l'une, tantôt sur l'autre ! Pour se distraire on se racontait ses aventures de campagne : c'est ainsi qu'en écoutant, en interrogeant, j'ai recueilli de précieux détails qui sont venus compléter mes propres observations, et qui m'ont permis de fournir au lecteur des renseignements certains. On jouait aux cartes, aux dames, même aux échecs, les fortes têtes ! On fumait, les Prussiens nous fournissaient du tabac, une assez bonne ration tous les dimanches. On battait du tambour sur les gamelles avec des baguettes de bois. On se cherchait des querelles. On faisait marcher la pompe. On passait un voleur à la couverture. On se portait pour l'enterrement ou pour la messe afin d'avoir une occasion de se promener. On chantait, en traversant la ville pour aller au travail, *Jeannette, le Curé du village, la Marseillaise!* On démolissait le poêle. On faisait des trous dans les murs pour se voir d'une baraque à l'autre. On engueulait les cuisiniers. On criait sur les sergents et sur les caporaux. Il y avait à une centaine de mètres des baraques un endroit écarté, accessoire indispensable à toute habitation, fait de planches et couvert d'un toit : on s'y rendait au moins une fois par jour, des différentes baraques, et on s'y communiquait les nouvelles comme au passage de l'Opéra; cela faisait toujours passer une heure ou deux. Quelquefois de pauvres diables de moblots perdaient l'équilibre et disparaissaient dans les fonds, cela permettait encore d'occuper quelques heures à les en retirer avec des cordes. On avait baptisé cet endroit du nom de *Rapport,* par analogie avec la réunion qui se tient tous les matins en garnison chez le colonel ou chez le commandant. Quel fourbi! On donnait des pièces à grand spectacle, *la Duchesse de Gérolstein, la Consigne est de ronfler :* les Prussiens venaient et apportaient des thalers. Un soir, la Patti de la localité ayant senti le ténor lui marcher sur sa robe qu'elle avait empruntée, se retourna et lui donna une gifle; celui-ci lui reprocha d'empocher tous les groschens ; six turcos qui faisaient les coulisses intervinrent, et la représentation fut interrompue. C'est ainsi qu'on occupait les jours et les soirées de l'hiver.

Avec les chaleurs le Rapport devint inabordable, et il fallut chercher d'autres distractions. On joua au loto, à saut de mouton, au chat poursuivant le rat. On arrangea des processions. On fit venir de la ville de l'encre de Chine, et on se tatoua. Les arbres s'étaient couverts de feuilles et l'herbe poussait partout ; on se régala de salades de pissenlits et de colimaçons. On éleva des petits oiseaux. Pendant ce temps les officiers allaient à la pêche aux grenouilles et faisaient des fricassées avec les cuisses. Un jour le sergent-major prussien entra dans la baraque, ar-

racha leurs oiseaux à deux soldats qui en appri-
voisaient chacun un, et les lança dans les arbres du
voisinage ; mais les soldats étant descendus dans la
cour sans penser à rien, les oiseaux qui étaient restés dans les branches revinrent en voltigeant l'un
après l'autre se poser sur leurs képis rouges. Il n'é-
tait donc pas de distractions agréables que l'on ne
sût se procurer. Cependant que le temps paraissait
long ! surtout quand les événements de la Commune
vinrent encore retarder le départ. Je dis aux autres
d'envoyer une adresse à l'Assemblée nationale pour
appuyer le gouvernement républicain dont M. Thiers
était le chef, mais c'est moi qu'ils envoyèrent au
diable en m'accusant de vouloir les faire passer du
côté des insurgés, d'être un agent de Bismark,
un salarié de Badinguet. L'adresse cependant réu-
nit quatre-vingts signatures dans deux baraques
seulement, mais l'un des gredins qui florissaient
parmi nous l'escamota au passage et la mit dans sa
poche, c'est pourquoi elle cessa de circuler et n'arriva pas à sa destination.

Il y avait cinq mois, depuis la signature de la
paix, que nous nous traînions dans l'attente. Trois
à quatre mille hommes étaient déjà partis soit
comme Alsaciens et Lorrains, soit comme moblots,
soit en détachements pour aller au camp de Cologne, ou à leurs frais. J'avais commencé quelques
études à la bibliothèque de la ville ; désireux de les
terminer, et de poursuivre mes autres observations
je ne m'étais pas pressé de partir, et j'avais attendu

les derniers détachements. Sur la fin de notre séjour à Dantzig on nous distribua une solde de captivité. Chaque sous-officier reçut en moyenne une
somme de cent soixante francs pour toute sa captivité, chaque soldat seulement trois francs soixante-
quinze centimes. Il était convenu que ceux-ci rece-
vraient encore sept francs chacun de complément,
soit en Prusse, soit en France : ils n'en ont pas
touché un centime, ni en Prusse, ni en France. Sur
cinq mille hommes qui pouvaient rester encore à
Dantzig, à sept francs chacun, cela devait faire
une somme de trente-cinq mille francs. *Elle n'a pas
été distribuée aux soldats. Qu'est devenue cette
somme ?* Est-ce le gouvernement français, est-ce le
gouvernement prussien qui l'a retenue ? ou est-elle
demeurée entre les mains de subalternes français ou
prussiens ? Chaque voyage de Dantzig en France a
duré huit jours, à un repas par jour ! pendant une
semaine, nos malheureux soldats, après dix mois
de captivité, ont donc encore souffert de la faim. Si
on leur avait donné cet argent qui leur revenait, ils
auraient pu acheter en route de quoi se soutenir :
en revanche ils voyaient leurs sous-officiers ne
manquer de rien. Qui donc jusqu'au dernier moment s'est acharné à détruire par de tels abus et de
telles inégalités, les derniers vestiges de la discipline
et de la considération pour les chefs, si du moins après
une telle succession d'avanies, il a pu en subsister
encore parmi les soldats ! Les départs avaient lieu
avec tant de brusquerie que ceux qui jouissaient de

leur liberté ne purent, à leur grand regret, faire leurs
adieux dans la ville. Je me trouvai dans ce cas : je
suppléai à l'impossibilité par des lettres jetées à la
poste. Nous montâmes en chemin de fer sous une
pluie battante ; un officier supérieur insolent, bru-
tal et incapable présidait à l'embarquement : il
avait si mal pris ses mesures que nous dûmes rester
ainsi que ses propres soldats deux heures sous la
pluie, trempés comme si nous sortions d'une rivière.
Enfin nous fûmes embarqués : je saisis un compartiment de seconde, et le train, s'éloignant, prit la
route de France. Ce ne fut pas sans émotion que je
quittai Dantzig : je me rappelai la peur effroyable
que j'avais eue à la pensée d'y aller, et cependant je
n'y avais trouvé au bout du compte que distractions, cordial accueil, et sujets intéressants d'études.
Puissé-je néanmoins n'y jamais retourner dans les
mêmes conditions !

CHAPITRE V.

LE RETOUR.

L'attitude de notre troupe fut bien différente à son départ de ce qu'elle avait été à son arrivée. Quand nous venions vers Dantzig, les cœurs aigris ne respiraient que la discorde. Au retour je ne vis plus éclater parmi les groupes que des marques de bonne camaraderie ; on se sentait heureux à la pensée de revoir la France. Le temps était magnifique ; accoudés aux portières ou assis sur le rebord des wagons à bestiaux, nous regardions le paysage : la contrée entre Dantzig et Berlin ne manque pas d'intérêt ; ce sont de vastes plaines où circule d'abord la Vistule, ensuite l'Oder et ses affluents. Dans le bassin de ce dernier, on trouve une belle végétation avec de jolis villages noyés dans les arbres, le tout égayé par la présence des cigognes. Après Berlin, la ligne arrive dans le bassin de l'Elbe qu'elle traverse à Magdebourg : la contrée est d'une

monotonie fatigante. L'attention ne se réveille qu'à
Brunswick, encadré dans de jolis coteaux ver-
doyants. Ces différentes régions sont bien cultivées,
mais dans le Nord les terrains sont plus maigres.
On passe ensuite à Hanovre : le souvenir de Lan-
gensalza n'y est pas encore éteint : on sait que les
hommes qui dominent aujourd'hui l'Allemagne ont
commencé là dans le sang allemand une unité que
tant de nobles esprits travaillaient à réaliser par les
voies pacifiques, unité qu'en France les esprits libé-
raux n'avaient nullement dessein de contrarier ;
seulement nous demandions, et nous avions le droit
de l'exiger, que si la Germanie se complétait, le territoire de la Gaule demeurât dégagé de tout lien
politique avec elle. Dans le Hanovre, la contrée
devient plus intéressante : je suis étonné d'y voir
de temps en temps des champs entourés de haies
parsemées d'arbres absolument comme en Vendée
ou en Bretagne ; pour achever l'illusion, les paysans
y portent un costume également pittoresque dont
les nombreux tableaux de genre qui paraissent chaque année au Salon nous ont depuis longtemps
donné des échantillons : il ne manque même pas
au coup d'œil la montagne aux flancs boisés et garnis de villages qui termine agréablement l'horizon.
En sortant du Hanovre, on entre en Westphalie,
on trouve Buckebourg, Minden, puis une contrée
pleine de villes manufacturières, puis enfin, après
un parcours encore assez long, notre beau fleuve,
le Rhin ! Nous le traversons sur un magnifique

pont , et nous restons quelques instants suspendus
au-dessus de ses eaux : salut, beau Rhin ! destiné
à rouler libre un jour , quand les bons de chaque
pays auront su se mettre enfin d'accord pour se débarrasser des méchants qui les brouillent. La chose
est désormais accomplie chez nous, puisse notre
exemple être suivi ! Salut, blanche Cologne, avec ton
admirable dôme inachevé ; les Teutons ont beau
dire, nous ne pouvons voir dans tes habitants des
ennemis : tu règnes sur le fleuve, comme Anvers
sur l'Océan ; ainsi que les Belges , qui seuls parmi
nous ont conservé leur nom antique, ainsi que nous
qui sommes les fils des anciens Francs , tu foules le
vieux territoire gaulois ; Cologne , tu es faite pour
être indépendante, perle brillante d'un état neutre,
afin que tous les peuples qui habitent ensemble le
territoire de la Gaule n'aient jamais de discorde
entre eux ; afin même que ta neutralité devienne,
entre les Germains et nous, le trait qui nous unisse,
au lieu d'être le point qui nous divise. Quant à ce
qui se passe chez eux, non, cela ne nous regarde
pas.; mais toi, tu ne dois non plus rien avoir de commun avec eux, si ce n'est l'origine ; aime les donc à
ce titre, mais sois libre, Cologne, dans le pays neutre des Rhénans.

Le chemin de fer, après avoir dépassé Cologne, se
dirige de nouveau vers le Rhin, à travers une belle
et vaste plaine, pour le remonter le long de notre
rive. Longtemps la flèche du dôme apparaît à l'horizon et finit par s'y perdre comme un mât sous

l'Océan. A partir de Bonn, nous entrons dans cet engorgement célèbre où coule le fleuve, et dont le commencement est à Mayence. Les deux rives, vues d'un bord à l'autre, ne sont pas toujours belles : la montagne en effet, considérée de près, offre généralement un ensemble peu harmonieux ; mais dans les coulées, le regard plonge vers des horizons plus lointains : alors les objets intermédiaires, les monts vaporeux dont la base vient tremper dans le Rhin, les îles chargées de végétation, les clochers des villes et des villages, les vieilles tours en ruine, les eaux qui se déroulent largement et majestueusement, tout prend un aspect féerique. Nous vîmes le soleil se coucher sur Andernach, et nous arrivâmes à Coblentz assez à temps pour en admirer le site. La nuit nous surprit au delà et finit par nous dérober les objets. On se réveilla dans les Vosges rhénanes: le chemin de fer coupe, à travers une série de tunnels, une suite de gorges admirables dont le centre est occupé par la petite ville d'Oberstein. Il faut avouer que nous avons été bien fous de tolérer si longtemps qu'une nation étrangère vînt étendre ses lois jusque sur ces belles contrées : notre aïeul Clovis que nous traitons de barbare ne fut point si sot : quand les Allemands voulurent venir déranger ses établissements, il les écrasa à la bataille de Tolbiac, tout près du Rhin, et les força de retourner chez eux. Un autre de nos aïeux que nous appelons aussi barbare, bonnes gens que nous sommes ! le nommé Charlemagne, ne fut point non plus si écervelé : il ne se

laissa pas prendre à Sedan par Wittikind ! les
Allemands avaient conçu l'habitude de venir exercer de petits ravages sur nos frontières : il entra
dans leur pays, et leur administra une correction
dont ils ont conservé le souvenir. Vaincus, domptés
trente ans durant comme jamais peuple ne l'a été,
ils en ont éprouvé par la suite une si vive satisfaction
qu'ils se sont toujours accordés depuis à reconnaître
comme leur premier empereur, le grand homme
qui les avait si bien cinglés. Aussi voit-on chez
eux aujourd'hui, sur la liste des images des souve-
rains allemands, au commencement Carolus Mag-
nus, à l'autre bout Guillaume Ier. Celui-ci essaie de
persuader à ses peuples qu'il porte la couronne du
héros franc : il ne s'est cependant affublé que de la
défroque à Badinguet. Le seul résultat sérieux, en
effet, de sa guerre, sera d'être venu prendre chez
nous cet oripeau que nous avions jeté à terre ! Cela
valait bien la peine, pour ramasser un tel chiffon,
d'égorger des Danois, des Allemands de Vienne,
des Hongrois, des Allemands de Hanovre, de Wur-
temberg, de Saxe et de Bavière, sans compter son
propre peuple, enfin des *moblots* français qui,
n'ayant jamais appris l'usage des armes, presque
sans officiers, avec un nombre insuffisant de généraux, ont pu, après le désastre de notre unique armée, lui tenir tête six mois encore, plus de temps à
eux seuls que tous les autres ensemble ! Les soldats
disciplinés de son pays, en 1806, ne s'étaient pas si
bien conduits.

Nous ne tardons pas à toucher au sol de la France proprement dite; nous en atteignons la frontière à Sarrebruck, d'illustre mémoire; on nous montre le coteau ou Loulou mettait des balles dans sa poche à côté de son père, spectacle qui rappelle, mais de loin, celui du roi Jean combattant avec son fils à la bataille de Poitiers. A dix minutes de Sarrebruck nous traversons Spickeren, Forbach; là, nos troupes dominaient un entonnoir de bois que les Prussiens étaient obligés de traverser pour aller jusqu'à elles : on se garda bien d'occuper les bois; plusieurs sous-officiers qui se trouvaient à la bataille me montrent du doigt les positions, et les endroits où ils luttaient eux-mêmes. Au village de Forbach, l'un des points de notre territoire annexés momentanément à la Prusse, des femmes, des hommes nous saluent avec une tristesse calme, des jeunes filles, des enfants accourent de toute la force de leurs petites jambes en agitant leurs bras, et nous crient à plusieurs reprises, d'une voix déchirante : «Vive la France! vive la France! » La présence des Prussiens sur notre sol nous toucherait peu : nous les en chasserons quand le moment sera venu; ils savent ce qu'il leur en a coûté pour s'y établir, ils sauront ce qu'il leur en coûtera pour s'en éloigner; cet événement fâcheux de leur occupation ne sera, si Dieu le veut, qu'un point dans l'histoire des siècles; mais la douleur de ces femmes et de ces enfants nous brise le cœur. Après Forbach, Metz! quels souvenirs héroïques, quel épisode funeste!

Nos soldats vous raconteront, lecteurs, et vous le savez déjà, comment dans leurs premiers combats, comment à Borny, à Gravelotte, à Saint-Privat, des monceaux de cadavres allemands couvraient les plaines et remplissaient le creux des vallons ; comment les survivants d'entre eux fuyaient à toutes jambes du champ de bataille, le soir, pour revenir le lendemain avec des troupes fraîches ; et comment ces affreuses boucheries sont considérées en Allemagne comme de glorieuses victoires : nous leur ferons encore, si la chose est de leur goût, en remporter de pareilles ; et comme, alors, nous serons en nombre et bien organisés, nous verrons si l'issue sera la même. Quant à la suite de l'histoire en ce qui concerne Metz, les soldats de notre train, dont un grand nombre avaient été compris dans la capitulation, avaient écrit à la craie, dès Dantzig, sur plusieurs wagons : « Rentrée en France de la marchandise à Bazaine. » Cela expliquait leur pensée. Pour moi qui n'y étais point je n'ai rien à dire, sinon que ce malheureux homme ayant déjà trahi un empereur, n'a pas voulu sans doute en trahir deux, et a mieux aimé contribuer à perdre son pays. Après Thionville, il faut passer encore une nuit dans le train. Nous nous réveillons, devine où, lecteur ? dans la plaine de Sedan : Carignan, où l'on s'est battu ; tout à l'heure Donchery ; mais nous voilà en face de Sedan même, un petit bijou de forteresse : les maisons de la ville, à travers les arbres, et un ou deux élégants clochers semblent

sortir de la verdure des fortifications comme d'un
nid; au nord, près de la ville, il y a un demi-
cercle de coteaux légèrement boisés; devant, la
vaste plaine; telle est la jolie souricière où Napoléon III est allé se faire prendre avec toute son
armée. On lui a reproché de ne s'être point fait tuer
à la tête de ses troupes : c'était le plus méchant
tour qu'il eût pu jouer à la France; s'il avait fait
un coup pareil, saisis d'admiration nous serions
aujourd'hui gouvernés par Napoléon IV. Notre
voyage se termine à Charleville, près de Mézières :
là on sépare les libérés du service de ceux qui res-
tent sous les drapeaux; chacun est renvoyé soit
dans ses foyers, soit au dépôt de son régiment, avec
un soin et une activité dignes d'éloges. Après environ dix mois d'absence, je revois enfin la bonne
ville de Paris, ayant accompli dans mon voyage un
arc de cercle dont Dantzig, Paris et Landerneau fi-
gurent la corde, dont Orléans, Strasbourg et Berlin
dessinent la courbe. Pauvre Paris! que de brû-
lures! par ses ruines le voilà devenu l'égal de
Rome! Et ce ne sont point les Barbares étrangers
qui l'ont mis en cet état; c'est la bande de Néron.

Il n'entre pas dans la donnée de mon récit d'apprécier tous les détails de cette grande guerre qui
nous a été si fatale, ni d'examiner les fautes qui ont
été commises Je me contenterai d'une simple réflexion. En 1757, dans la guerre de Sept ans, Frédéric II, roi de Prusse, avec trente-trois mille hommes
remporta sur les Autrichiens, qui en avaient quatre-

vingt mille, une victoire célèbre, et voici comment les choses se passèrent. L'armée autrichienne formait une belle et forte ligne, bien munie, pleine d'enthousiasme, et tout enorgueillie de victoires récentes. Si Frédéric s'était jeté au milieu, il était perdu ; mais soit hasard, soit calcul, il l'attaqua par un bout. Sur ce point la fraction d'Autrichiens qu'il rencontra était moins nombreuse que sa petite armée : il se jeta sur elle, l'abordant de trois côtés à la fois, l'écrasa et lui enleva prisonniers et canons ; la fraction suivante de l'armée ennemie accourut au secours : elle eut le sort de la première ; et Frédéric, continuant sa marche, détruisit successivement toute l'armée autrichienne, à mesure que les différents corps venaient au secours les uns des autres ; il recueillit comme trophées vingt et un mille prisonniers, cent trente quatre canons, cinquante-neuf drapeaux ; sept mille ennemis restaient sur le carreau tués ou blessés. La bataille où Frédéric fut vainqueur porte le nom de bataille de Leuthen. Elle dura un jour. En saisissant d'un coup d'œil l'ensemble de la guerre dans les années 70 et 71 il semble que ce soit par une série d'opérations analogues appliquées sur une grande échelle, sauf épisodes secondaires, que les Prussiens nous ont accablés. Ils n'ont rencontré primitivement à l'extrémité de notre ligne que des corps incomplets et dispersés de notre armée active. Il les ont abordés par une triple attaque, écrasés et enveloppés successive-

ment. Alors nous avons voulu réparer ce désastre, nous avons tous pris les armes, et nous avons
marché; mais tous, l'armée prussienne avançant jour
par jour, mois par mois, nous sommes allés nous
faire mettre en déroute les uns après les autres, tantôt
ici, tantôt là, malgré la résistance la plus honorable,
d'abord parce que nos bras étaient novices, et aussi
parce que même après les leçons de Reichshoffen, de
Forbach, de Sedan, nous n'avons pas agi avec ensemble. Cependant nous n'avions pas toujours été
victimes de faits semblables, tant s'en faut ! Bien
avant M. de Moltke, bien avant Frédéric, Turenne
dans sa célèbre campagne de l'Alsace en 1675, Villars dans les opérations autour de Denain en 1712,
avaient attaqué les lignes ennemies par une extrémité, les avaient attaquées en plein état de disper-
sion, et par leur audace nous avaient acquis d'écla-
tants succès. La fameuse convergence elle-même de
trois corps d'armée sur un point donné est renou-
velée des temps mérovingiens ; elle a ses avantages
ou ses inconvénients selon l'adversaire : Frédéric
s'en était servi heureusement à Pirna ; Wurmser
en usa sans succès contre Bonaparte. C'est ainsi
qu'il n'y a rien de nouveau sous le soleil, et que
ceux qui parlent de routine à propos de stratégie,
n'ont pas une idée juste de cette science : il n'y a ni
nouvelle, ni ancienne stratégie ; il n'y en a qu'une,
celle d'Annibal, de César, de Turenne, de Napoléon. Heureux le pays où se trouvent des généraux
qui la connaissent et qui savent en faire l'application.

Instruits par les événements, soulagés de l'empire, libres enfin, notre devoir est désormais de préparer l'avenir, d'armer la nation comme elle le fut un moment en 93. L'incapacité, l'imprévoyance, la mollesse nous avaient fait abandonner cette noble institution. Les Prussiens nous l'ont prise et nous la renvoient perfectionnée. Ainsi avions-nous fait pour la machine à vapeur, sortie aussi de chez nous et que les Anglais nous ont renvoyée considérablement améliorée. Telle est la coutume ! Cependant il est toujours temps de réparer les erreurs du passé. Tout le monde y travaille aujourd'hui. En ce qui concerne l'administration intérieure des compagnies dans les régiments, puisse-t-on prendre des précautions contre les déplorables abus que j'ai signalés, afin qu'à l'avenir ils ne se renouvellent plus ni dans les dépôts, ni en campagne ; c'est une affaire d'honnêteté entre les capitaines et leurs sergents majors, de vigilance de la part des officiers supérieurs. La question si importante des grades doit être réglée aussi avec énergie. Que les examens les plus sérieux soient la base de toute nomination. Les grades de lieutenant et de sous-lieutenant sont remplis chez nous par des jeunes gens sortant en partie des écoles, en partie des rangs des sous-officiers. Les uns et les autres, quand les choses sont sérieusement menées, peuvent faire d'excellents officiers. Cependant le système prussien, pour arriver au même but, est meilleur : les aspirants-officiers, au lieu de passer leur première année à l'école, la

passent au régiment même, dans les rangs d'abord
des simples soldats, puis dans ceux des sous-officiers; ils achèvent leur deuxième année à l'école.
Cela est évidemment préférable : ils ont été, pour
ainsi parler, trempés d'avance dans le régiment; ils
ont appris à connaître intimement le soldat, et,
quand ils reviennent avec leur grade d'officier, ils
ont déjà le pli et sont sûrs d'eux-mêmes, ce qui n'a
pas toujours lieu pour nos jeunes Saint-Cyriens,
souvent naïfs et désorientés à leurs débuts dans les
compagnies. Enfin, chez nos ennemis, tout officier,
soit pour demeurer dans l'armée active, soit pour
passer dans les réserves, est reçu, avant d'être
nommé, par les officiers mêmes du régiment as-
semblés en commission d'examen. On comprend
combien le corps gagne, par cette mesure, en soli-
dité, en considération. La nomination aux grades
supérieurs appartient, comme chez nous, à la hié-
rarchie, mais les officiers sont tenus d'envoyer pé-
riodiquement au ministère des travaux sur leur art,
bonne précaution qui les arrache à l'oisiveté.

Je viens aux sous-officiers de nos régiments, dont
la destination est de devenir officiers. Dans l'ancienne armée, ils étaient astreints, comme de raison, à subir un examen d'aptitude. Le certificat
délivré, le candidat n'en était pas pour cela officier
de droit; il fallait attendre une vacance, et, la nomination étant soumise au choix du colonel, le
caractère et la valeur de l'officier choisi dépendaient
absolument du caprice ou de la valeur du colonel

même. A l'examen, il se produisait parfois des choses bizarres. La commission d'examen se composait de trois officiers présidés par le colonel (chaque commission devrait se composer d'au moins huit membres, pour fermer tout accès aux influences de la faveur). A un tel, par exemple, pour qui l'on éprouvait un intérêt particulier, on proposait à résoudre la question stratégique suivante : « Énumérer le nombre et la qualité des différents gouvernements qui se sont succédé en France depuis 1789. » A un autre, un indifférent, on proposait en revanche : « Faire avec détail et exactitude le récit de la campagne et des opérations stratégiques accomplies pendant l'année 1805. » C'était bien ; voilà de ces questions que tous nos futurs officiers doivent être à même de traiter à fond, et que, à notre unanime demande, les commissions devront exiger d'eux. Mais les deux candidats précités ayant répondu à leurs questions respectives avec un égal succès, pourquoi choisissait-on le premier comme officier au lieu du second? Pourquoi, en conséquence, ai-je vu à Dantzig des hommes mûrs, sachant leur métier, qui ont passé ces examens, et qui sont peut-être condamnés à végéter longtemps encore, tandis que tant de jeunes incapables, que nous avons tous appréciés, sont aujourd'hui lieutenants, capitaines ou chefs de bataillon? Oui, il faut faire une revue sérieuse des grades dans nos armées, afin d'arriver à séparer le faux du vrai, le mauvais du bon. Les hommes de valeur,

bien loin de s'y refuser, s'y prêteront au contraire
avec le plus vif empressement, dans l'intérêt de
leur considération aussi bien que de la discipline.

En Prusse, les cadres des sous-officiers sont excellents. Les jeunes gens qui les remplissent, choi-
sis avec soin après examen, s'engagent pour douze
ans dans l'armée active. Quand ils sortent de cette
armée, une place dans les administrations gouver-
nementales, chemins de fer, lignes télégraphiques,
leur est assurée avec une retraite, en récompense de
leur zèle et de leur bonne conduite. On peut en au-
gurer avec quel soin ils font leur service. Chez
nous, dans ces dernières années, les cadres avaient
considérablement diminué de valeur : beaucoup de
sous-officiers ne marchaient plus que par la force de
l'habitude, et ceux d'entre eux qui auraient eu des
capacités pour monter plus haut, dégoûtés par le
favoritisme, avaient absolument cessé de travailler.
De l'autre côté du Rhin, combien tout est plus justement combiné ! toute la nation traverse la filière
de l'armée, et chacun de ceux qui y demeurent reçoit
sa place selon son mérite : l'homme instruit et capable monte au rang des officiers, l'homme moins
instruit et moins capable ne reste pas croupir vingt-
cinq ou trente ans à l'état de sergent. Quand il a
donné la meilleure part de son intelligence et de sa
vie à l'armée, il va servir encore l'État dans les
grandes administrations, où il achève de vivre ho-
norablement de la vie civile.

Combien donc il nous reste à faire ! La tâche paraîtra peut-être effrayante à certains esprits; elle n'est pas au-dessus de nos forces. L'ancienne et la nouvelle armée réunies composent déjà un très-bel élément de puissance : l'ancienne a fait preuve d'héroïsme dans les champs de l'Alsace et de la Lorraine, la nouvelle a fait preuve de virilité contre la Commune. En réunissant tout ce qu'il y a de bon dans ces deux armées, on peut faire des cadres solides sous lesquels le reste viendra se grouper. C'est une mesure qui doit être exécutée avec énergie et décision. Nous emploierons sans doute, pour faire cette armée et de bonnes réserves, une année entière à un travail lent et préparatoire; pendant la deuxième année, ce travail commencera à déployer ses effets; il est probable qu'à la fin de la troisième tout sera terminé, et qu'à partir de cette époque, nous serons en état de mettre sous les armes, quand bon nous semblera, une population de deux millions d'hommes valides, organisés, disciplinés, et conduits par des hommes capables. Nous pouvons certainement atteindre ce résultat si nous voulons nous en donner la peine. En est-il un seul parmi nous qui n'ait pris part à la guerre, soit dans la mobile, soit dans la garde sédentaire, soit dans l'armée active, et qui n'ait déjà par conséquent une idée du métier des armes? Faudra-t-il beaucoup de temps pour grouper par bataillons et par compagnies tous les hommes valides jusqu'à quarante ans, et en est-il beaucoup parmi nous qui voudront refuser à la patrie les quelques heures périodique-

ment nécessaires pour achever de se former ? Mais il
faudra, pour ces bataillons, un nombre considérable d'officiers et de sous-officiers. Eh bien ! nous
tous, jeunes gens et hommes instruits, qui avons
déjà servi tout récemment dans les différentes armes, c'est ici qu'est notre place : sans doute il sera
institué des commissions d'officiers sérieux de l'armée active pour examiner et recevoir ceux d'entre
nous qui possédons les aptitudes nécessaires. Étu-
dions donc la science militaire ; prenons en main
les traités et les cartes. Dans l'année qui vient de
s'écouler, on demandait des hommes armés de fusils,
vous avez marché ; maintenant, on demande des
hommes instruits et énergiques pour faire des officiers, marchez encore. Dans l'attente des program-
mes que les commissions fourniront sans doute au
public, rien ne saurait être plus utile que l'étude
des campagnes de la Révolution et de l'Empire,
telles qu'elles sont racontées dans le livre de
M. Thiers, en suivant les opérations de stratégie et
de tactique sans quitter la carte des yeux; je ne
connaissais guère que celles-là quand je suis arrivé
au régiment, et elles m'ont suffi amplement pour
apercevoir et apprécier les balivernes qui se sont
commises sous mes yeux !

A l'œuvre donc ! que l'on travaille sur toute la
ligne. Préparons-nous avec calme et dans le silence.
Surtout ne parlons pas de nous venger : on ne se
venge pas sur un peuple qui a été trompé par ceux
qui le gouvernent , comme nous l'avons été tant de

fois nous-mêmes. La vengeance, fille de la haine,
est d'ailleurs aveugle, et ses coups portent mal. Si
la scélératesse des hommes nous oblige encore à lutter, apprenons de bonne heure à rester froids, à ne
pas nous-monter le cerveau : il faudra que les coups
que nous porterons soient d'autant plus terribles
qu'ils seront dirigés par une main tranquille. Nous
aurons à dégager notre sol, à assurer la neutralité
de nos voisins, je regrette de ne pouvoir dire de nos
compatriotes, quoiqu'ils habitent la même terre que
nous ; nous aurons ensuite à courber sous le châ-
timent ces revenants d'un autre âge qui ont attenté
au droit des nations : nous aurons à faire œuvre de
Français et œuvre d'hommes ; un acte de reven-
dication à terminer, une œuvre de justice à accom-
plir. Mais cela ne se fera pas tout de suite, oh ! non.
Qui d'entre nous voudrait mettre un pli dans les
feuilles de rose de M. de Bismark? Cela ne se fera
pas avant cent ans! oui, M. de Bismark, il faudra
à la France un siècle pour se relever ! alors, comme
nous tous, vous dormirez tranquillement sous la
terre, et la résurrection de notre pays n'aura plus le
don de vous émouvoir! En attendant, notre intention est de vous laisser vivre en paix.

Paris, 4 août 1871.

TABLE DES MATIÈRES.

Imprimerie L. Toinon et Cᵉ, à Saint-Germain.